Itinérances spirituelles

Les auteurs

Lise BARONI: Théologienne, Université de Montréal

Richard BERGERON: Théologien, Université de Montréal

Denise BILODEAU: Secrétaire, Université de Montréal

Pierre BRUNETTE: Provincial des Franciscains, Montréal

Jean-François CASABONNE: Comédien, Montréal

Michel DANSEREAU: Médecin-psychanalyste, Montréal

Sylvie GERMAIN: Écrivain, Pau, France

Yves GIRARD: Moine cistercien, Monastère d'Oka

Jacques GRAND'MAISON: Théologien et sociologue, Université de Montréal

Guy LAPOINTE: Théologien, Université de Montréal

Julie LASNIER: Moniale dominicaine, Berthierville

André NAUD(†): Théologien, Université de Montréal

Fernand OUELLETTE: Poète et essayiste, Montréal

Rémi PARENT: Théologien, Université de Montréal

Pierre PELLETIER: Philosophe et psychanalyste, Montréal

Jean-Claude PETIT: Théologien, Université de Montréal

Michel RICHARD: Juge de la Cour supérieure, Trois-Rivières

Lise THIBAULT: Lieutenant-gouverneur du Québec

Itinérances spirituelles

Ils racontent
ce qui leur est arrivé
en chemin

Lc 24, 35

sous la direction de

Richard Bergeron
Guy Lapointe
Jean-Claude Petit

MÉDIASPAUL

Les Éditions Médiaspaul remercient le ministère du Patrimoine canadien, le Conseil des Arts du Canada et la Société de développement des entreprises culturelles du Québec (SODEC) pour le soutien qui leur est accordé dans le cadre des Programmes d'aide à l'édition.

Données de catalogage avant publication (Canada)

Vedette principale au titre:

Itinérances spirituelles

ISBN 2-89420-504-X

1. Vie spirituelle - Église catholique. 2. Biographies chrétiennes. 3. Expérience religieuse. I. Bergeron, Richard, 1933- II. Lapointe, Guy, 1935- III. Petit, Jean-Claude, 1943-.

BX2350.3.184 2002 248.4'82 C2002-940631-5

Les illustrations reproduites dans ce livre sont des aquarelles de Hans-Günther Thoma.

Composition et mise en page: *Diane Lanteigne*

Maquette de la couverture: *Diane Lanteigne*

ISBN 2-89420-504-X

Dépôt légal – 3e trimestre 2002
Bibliothèque nationale du Québec
Bibliothèque nationale du Canada

3965, boul. Henri-Bourassa Est
Montréal, QC, H1H 1L1 (Canada)
www.mediaspaul.qc.ca
mediaspaul@mediaspaul.qc.ca

Médiaspaul
48, rue du Four
75006 Paris (France)

Imprimé au Canada — Printed in Canada

CABINET DU LIEUTENANT-GOUVERNEUR

QUÉBEC

Lu 2005-10-17

Je suis allée en voyage
Au pays de moi-même, au cœur de ma vie
J'ai traversé des régions arides, vides de toute mémoire
Mais aussi des terres, généreuses, telle une roseraie en plein été

Souvenirs accrochés aux divers paysages
J'ai revu tous les visages aimés
Curieusement les autres
Étaient déjà oubliés

Je n'ai plus perçu les épreuves
Comme elles sont arrivées
Car elles devinrent chemin d'accomplissement
Qui pourrait en effet maudire
Ce par quoi on grandit ?

J'ai levé les yeux vers le ciel de ma vie
Là où trône mon Soleil
Il me nourrit, m'éclaire et me réchauffe
Inconditionnellement, à ma naissance
Il m'a fait don d'une Étincelle
Que je porte fièrement sur mon cœur
Elle m'aide chaque jour à continuer ma route
Elle est la seule force, la seule voie
Capable de générer l'amour

Un voyage intérieur qui me révèle
Que croire en soi c'est croire en Lui
Et que croire en Lui, c'est croire en soi
Que croire, c'est vivre
Autant que vivre, c'est croire

Lise Thibault
Lieutenant-gouverneur du Québec

Ebringen, près de Freiburg im Breisgau (Allemagne)

Envoi

lu 2005-10-18

par Richard Bergeron théologien, UDM

Les propos de Madame Lise Thibault placés en tête de cet ouvrage donnent le ton aux réflexions et méditations regroupées dans ce volume sur l'itinérance spirituelle. Laissant à d'autres la tâche d'analyser la nature du spirituel et d'en critiquer les diverses manifestations, le recueil fait entendre des bruissements d'âme, dévoile discrètement des expériences intimes et trace les lignes parfois sinueuses de parcours étonnants. L'Esprit souffle où il veut et comme il lui plaît. Il jouit d'une extrême liberté et, dans sa surprenante créativité, inspire des cheminements originaux toujours inédits.

Place donc à la diversité des parcours spirituels. De cette diversité, point n'est possible d'extraire un dénominateur commun. On peut toutefois dégager une ligne de fond qui, au fil de la lecture, s'impose graduellement à l'évidence: c'est que la vie spirituelle aujourd'hui s'est libérée d'un certain corset religieux institutionnel et qu'elle ne trouve plus dans le dogme ses points de repères normatifs. Sortie des sentiers battus, non seulement hésite-t-elle à se placer sous la tutelle de «gens qui savent», mais souvent elle refuse même de s'inscrire dans un cadre religieux prédéfini.

Même quand elle continue de se situer à l'intérieur des frontières d'une religion donnée, la vie spirituelle n'en garde pas moins ses distances vis-à-vis des modèles traditionnels de spiritualité qui ne peuvent guider la marche de l'*homo spiritualis* contemporain qu'au prix d'une réinterprétation risquée et d'une inculturation courageuse. Il ne leur faut rien de moins que d'intégrer les acquis de la culture et de s'adapter aux requêtes de la conscience contemporaine tout en résistant aux dérives de la modernité.

Ce n'est pas parce qu'on demeure attaché à une institution religieuse qu'on fait du surplace et qu'on ne se pose plus de questions. On dit de Jésus qu'il «allait et venait» dans le Temple, qu'il savait pourtant voué à la ruine. Comme lui, on peut marcher vraiment à l'intérieur d'une structure, même désuète, pourvu qu'on soit libre.

Le mot «spirituel» est piégé. Relevant traditionnellement de la religion et de la théologie, il est passé à la philosophie, à la psychologie et même à la science et, de là, il a outrepassé toute frontière pour décrire un espace vague où se côtoient autant les naufragés des religions établies et les désillusionnés de la modernité que les «fous de Dieu» et les chercheurs de sens angoissés par le spectacle d'un horizon vide sous un ciel fermé.

Ce recueil aborde la vie spirituelle sous l'angle de l'itinérance. On ne décide pas un bon matin de se mettre en marche, comme ça, subitement, à l'improviste. C'est la vie elle-même qui provoque, appelle en avant, force à marcher. On est déplacé par la vie elle-même. On se butte à des obstacles; on expérimente épreuves et cassures. La vie est barrée. C'est l'impasse. C'est de cette prise de conscience que peut jaillir le désir de se lever et de prendre la route de l'être. Toute quête spirituelle s'inscrit à l'intérieur d'une expérience personnelle et prend son ancrage dans la vie.

Autrefois, le chemin était tracé, balisé... et piétiné par tant de sandales vénérables. Aujourd'hui, chacun entend définir sa vie, cadastrer son propre terrain et tracer sa route, en tenant compte de la topographie de son existence personnelle. La vie spirituelle se veut essentiellement quête de sens, recherche de valeurs et exploration d'un mode de vie porteur de promesses d'accomplissement. Elle est un itinéraire plutôt qu'un chemin, un projet à inventer plutôt qu'un modèle à suivre. Elle est essentiellement itinérance, ce qui suggère l'idée de route, *iter*, et l'idée de recherche, errance. Le spirituel est celui qui décide de sortir de sa léthargie bourgeoise, des réponses stéréotypées, des formes de vie conventionnelles et des idées reçues, pour prendre la route vers le centre, vers soi, vers les autres, vers l'Autre. Cette route est aussi bien une descente qu'une remontée. Partir, se mettre en mouvement, prendre la route, aller au bout de son monde. Le sens de la marche, c'est de marcher. On ne connaît la route qu'en la traçant. On ne fait pas le chemin, c'est lui qui nous fait. S'engager sur le sentier qui mène chez soi. Prendre le chemin de son Compostelle.

Le livre se présente comme un recueil de récits d'itinérance et comme un bouquet d'évocations sur le thème de la marche, du sentier, de la mouvance. En somme, une célébration de l'homme, de la femme qui *marche*; une célébration qui ouvre des horizons insoupçonnés et qui donne le goût de se mettre en route. À l'instar des disciples d'Emmaüs, chaque auteur «raconte ce qui lui est arrivé en chemin».

Il n'est pas facile de parler de son propre cheminement et de soulever le voile qui recouvre son âme. Difficile et malaisé surtout si on s'y essaie pour la première fois. On ne peut risquer une telle parole sans maladresse, car il s'agit de nommer et de figer ce qui par nature est fluide et insaisissable.

Mes remerciements vont à Jean-Claude Petit et à Guy Lapointe pour leur collaboration et leurs précieux conseils.

Richard Bergeron

Près de Zermatt (Valais/Suisse)

1

Évocations

Partance

Denise Bilodeau
secrétaire, U de M

lu 2005-10-18

La mer de mon enfance
A creusé mes espérances
Et m'a invitée à la partance

Prendre la mer et ses marées
C'est prendre la vie et ses virées
En laissant le temps se respirer

Flux et reflux
Écumes
Eaux crevées
Mers agitées
Cris...

Naissance

Fleuve de liberté
Bateaux ivres
Ancres jetées
Phares allumés
Pour vivre

Mouvance

Chemin de vérité
Blessures du creux des âges
Rocher percé
Sables pulvérisés
Pas incertains

Souffrances

Corps abandonnés
Raz d'étreintes
Désirs apprivoisés
Intimités privilégiées
Mer promise

Attirances

Amour déchiré
Lune voilée
Aurore polarisée
Cœur vidé
Mer captive

Errance

Solstice des âges
Saisons du cœur
Vaisseaux du temps
Retirements
Tangage

Itinérance

Visages aimés
Âmes sœurs
Témoins de Vie
Échos de coquillages
Cadeaux de la mer

Confiance

Dieu...
Brume du matin
Soleil infiltrant les nuages
Horizons en feu
Mer en bleu

Silence

Dieu dit :
«Quitte ton pays»
«Je t'appellerai par ton nom»
Que soit...
Passages
Mer rouge

Partance

Denise Bilodeau

Mouvance

Comment se mobiliser du dedans pour plonger d'emblée aux sources de sa croyance? Et ensuite, comment, avec ceux qu'on aime et ceux qu'on aime moins, vivre cette croyance?

Faut-il provoquer une rupture avec soi ou avec d'autres, ou avec des idées trop figées pour que s'enclenche cette démarche de descente, ou de montée, ou d'avancée, ou de mouvance au creux même de la caverne que nous sommes?

Sommes-nous collectivement à l'étape d'intégrer dans le corps et l'âme que nous sommes notre propre terre promise? Et que l'ensemble de tous ceux qui sont sur cette longueur d'onde seraient en quelque sorte un continent-réceptacle qu'on pourrait nommer conscience? Des pèlerins sur terre d'une conscience du ciel.

Comment, sans s'exclure ou s'isoler, créer en soi un espace de transfiguration? Comment devenir de véritables tempérants, sans pour autant être indifférents à la différence des autres? L'écart, la torsion, la tension qui existent entre l'individu et le collectif, entre son ego et son désir de réaliser en communauté des rêves qui ont du sens sont énormes. La *sur-importance* qu'on accorde au choix, au pourquoi, au comment, au avec qui, à l'âge, à la nationalité, est-elle si utile? Pourvu que notre oui soit ouï. Pourvu que ce oui soit en total accord avec ce qu'authentiquement nous ressentons aux racines de nous-mêmes. Peu importe le support sur lequel notre recherche de sens voyage. Qu'il soit la mer, la terre, l'air, la montagne, la lune, les étoiles, les mourants, la guerre (hélas!), la route, l'invisible, les enfants, l'invention, l'indomptable, la bicyclette, le cheval, la trottinette, le Westfalia, la marche, etc., peu importe l'allure de notre migration, la sorte de nomadisme, la couleur d'itinérance, pourvu que notre orientation soit en concordance avec notre questionnement réel. Et je suis persuadé que la mouvance est tout indiquée pour rejoindre la terre promise qui se loge en nous.

Aller au cœur de notre faille, au désespoir même, rompre avec le contrôle, en fait, renaître à l'Esprit, exige, un peu comme chez celui ou celle qui risque la mouvance, de se mettre dans un état de déséquilibre, de vulnérabilité sans cesse renouvelée qui nous rend libres.

Mais quel est ce tiraillement auquel nous assistons, dans lequel nous vivons, qui crée ce fossé profond entre l'individu et la communauté? Avons-nous mis un couvercle sur notre essentiel? Souffrons-nous d'une sorte d'asphyxie de l'âme, d'une désertification ou d'une déforestation de l'être? Avons-nous besoin de claquer la porte aux grandes croyances pour nous situer nous-mêmes? Devenons-nous pèlerins pour remettre en question notre désir profond de croire, pour démystifier les grandes instances? Voulons-nous nous affranchir d'une autorité qui pense pour nous? Voulons-nous nous libérer d'une domination d'une forme de contrôle sur nos âmes? Quelles que soient nos réponses, on constate en ce moment une dislocation qui provoque la mouvance des esprits. Un mouvement général d'humains qui cherchent à faire famille, qui cherchent à faire corps avec leur âme. En ce sens, tous les chemins mènent à l'homme et non à Rome. Et cette mouvance est une véritable bénédiction qui peut changer nos heurts en bonheur. Cette recherche de liberté intérieure par ce mouvement extérieur d'itinérance met provisoirement en jachère les structures établies et les force à sortir dans la rue, à regarder le soleil, à délaisser leur cocon et à déployer leurs ailes. Et je pense que tous ces pas qui marchent, qui cherchent, que tous ces yeux promenés par les errants – des mendiants d'éternité, des quêteux de sens –, sont un cri à la fois de joie, de détresse, d'appel à la prise de conscience, à la vigilance, à la libération de l'individu et de l'Église.

Le Christ disait: «Je ne suis pas venu abolir la loi, mais l'accomplir.» Ce même Jésus, aujourd'hui, serait celui ou celle qui à la fois ferait naviguer ses doigts sur Internet et ferait marcher ses pieds sur les routes d'asphalte des villes, villages, ports et aéroports. Un prophète est celui ou celle qui annonce un «pas fait... à faire». Je suis, à ce titre, un «pas fait» en devenir. À bas le parfait! Quelle tromperie!

Il y a ceux qui, de leur silence, font bouger l'immuable, il y a ceux qui, par leur voix, sortent du silence les sans-voix. L'âme trouve sa voie dans la vibration des pas du nomade et fait son chemin dans la voix des mots en marche. Peut-être que ce mouvement sur terre en ce moment est l'Esprit qui se met en branle, qui se meut, qui trouve dans nos corps un nid mouvant. Est-ce un mouvement d'excitation comparable à celui des animaux qui s'énervent avant un tremblement de terre? Agitons-nous nos âmes par compensation? Le couvercle a-t-il le goût de sauter?

Sommes-nous en nos corps des signes d'une rupture imminente qui nous plongera dans notre faille originelle? La terre mère sera-t-elle notre tombeau ou notre paradis?

Quand on dit qu'on est en quête de sens ou d'une spiritualité plus ajustée à son désir naturel de se relier, il y a sûrement en cela une réconciliation. J'oserais dire une résurrection, une transfiguration à faire avec l'humanité entière. Le monde, depuis qu'il est monde, erre. Accepter notre condition d'humain sur terre, c'est admettre que nous sommes de passage, que nous sommes pèlerins, que nous sommes à la fois l'étranger de nous-mêmes et des autres, que nous nous traversons les uns les autres, parfois seuls, parfois en solidarité, souvent maladroitement. Et peut-être avons-nous la vie pour être conscients que nous foulons la terre promise que nous sommes, et que nous la traversons.

Faire corps avec cette terre, c'est peut-être toucher l'âme?

Jean-François Casabonne

Cette allure de celui qui s'en va

Qui nous a ainsi retournés que nous,
quoi que nous fassions, nous avons cette allure
de celui qui s'en va?

R.M. Rilke

Partir, s'en aller, marcher: beaux verbes par lesquels le désir entre en mouvement, où la vie se conjugue au plein du présent. Verbes pareils à ces figures sculptées à la proue des navires, dansant dans la houle, le front ceint de nuages et de cris d'oiseaux, fendant l'eau et le vent, ruisselant d'écume, de soleil et de lune, filant vers le large.

Partir à l'aventure: c'est un rêve qui se lève en chacun dès l'enfance, embrase la jeunesse, puis, souvent, s'endort, s'enlise ou se fourvoie à l'âge adulte, et qui parfois revient dans la vieillesse, sous forme de regret.

Quand l'aventure est spirituelle, partir prend un aspect à la fois flou et abrupt: on voudrait bien se mettre en route, mais on ignore comment, et surtout quelle direction choisir. Même les disciples du Christ étaient désorientés. Ainsi, lorsque, après leur avoir lavé les pieds puis avoir partagé son dernier repas avec eux, il leur annonce son départ imminent et leur déclare: «Et vous savez le chemin où je vais» (Jn 14, 4), ils expriment leur désarroi: «Seigneur, nous ne savons pas où tu vas, comment saurions-nous le chemin?», dit Thomas.

Petite phrase terrible dans sa simplicité, poignante dans son aveu d'ignorance. Qui d'entre nous ne pourrait la reprendre à son compte?

Et le Christ répond, à sa façon toujours concise, oblique et cependant directe: «Je suis le chemin, la vérité et la vie. Personne ne vient au Père que par moi.» Les disciples n'en demeurent pas moins désemparés.

Quel est en effet ce chemin que l'homme Jésus, assis parmi ses frères, définit si étrangement en le pointant au loin, très en amont et tout autant en aval de sa personne, et dans le même (espace) temps en le confondant avec son propre corps? Ce corps qu'il présente comme une icône du Père, stèle vive et mouvante illuminant le chemin menant au Père. Mais là encore, les disciples n'entendent ni ne voient ce qui leur est désigné. «Seigneur, montre-nous le Père, cela nous suffit», demande naïvement Philippe. Cette naïveté et cette incompréhension restent les nôtres, nous qui voulons tout voir avec nos yeux de chair, toucher l'horizon avec nos mains, et situer Dieu en un endroit précis, stable et sacré. De là viennent tant de nos errements et de nos égarements, et tant de crimes aussi, commis au nom bafoué de Dieu.

En se désignant personnellement comme chemin, Jésus souligne un aspect fondamental de toute quête spirituelle: il faut sortir de soi-même, s'ouvrir et se confier à un autre, s'engager sur des traces qui nous précèdent. Jésus a préparé ses disciples à cet exode intérieur en leur lavant lui-même les pieds, comme s'il avait voulu donner un bain lustral à leurs pieds de marcheurs, un bain de jouvence et d'humilité pour qu'ils s'élancent d'un pas neuf, vivace, à sa suite dès que le moment sera venu.

Ce geste du lavement des pieds est une merveille d'enseignement spirituel: non seulement il résume l'ampleur du dépouillement opéré par le Christ (il se lève de table et se dénude) et anticipe celle de son dévouement pour ses frères humains (il se ceint d'un linge en guise de pagne, ce qui est la tenue des esclaves au travail et qui sera son seul vêtement sur la croix), mais il spiritualise aussi le corps dans son intégralité – depuis la plante des pieds. Il magnifie l'assise de l'homme sur la terre, ce par quoi il se tient debout, foule le sol, marche vers et parmi les autres.

Le lavement des pieds, juste avant la Passion, est l'une des plus hautes leçons prodiguées par Jésus à ses amis.

Si je vais vers l'orient, il est absent; vers l'occident, je ne l'aperçois pas. Quand je le cherche au nord, il n'est pas discernable, il reste invisible si je me tourne au midi.

Jb 23, 8-9

Enseignement, leçon, traces, exemple: dès qu'il est question de quête spirituelle, ces termes s'imposent. «Il n'est pas bon que l'homme soit seul», dit l'Éternel dès l'origine. Il n'est pas davantage bon que l'homme parte seul, sans aucun repère, sans guide, dans son aventure spirituelle. Nous ne sommes en effet pas pourvus, comme certains oiseaux et certains poissons, de cette extraordinaire boussole interne qui les oriente à travers d'immenses étendues de ciel ou d'eau et leur permet de revenir au lieu exact de leur naissance afin de s'y reproduire, de perpétuer leur espèce, de garder en mouvement le courant de la vie, quitte à y disparaître une fois leur mission accomplie.

Nous aussi, le désir de migrer nous habite, nous enhardit et nous lancine, mais aucune boussole n'est incrustée en nous. Nous sommes appelés du dedans, mais non programmés. L'appel du large sonne dans le tréfonds de notre âme.

Nous naissons même si démunis qu'il faut tout nous apprendre: à nous tenir debout, à marcher, à parler. Seul le langage rend possible l'émergence et le déploiement de cet obscur désir d'«Ailleurs» enfoui tout au fond de notre être. Notre désir a besoin d'être modelé par des mots, structuré par la pensée, infusé de sens, sinon il nous demeurera inconnu – juste un confus gémissement dans la nuit de notre cœur, un soupir malheureux.

Notre désir a besoin d'être nommé, fût-ce par des noms toujours approximatifs et incomplets, le «vrai» nom de Celui que nous appelons Dieu étant à jamais hors de notre portée. Nous déposons des noms balbutiants à la lisière de l'Innommable; même les plus beaux parmi ces noms ne savent dire que bien peu de l'infini qu'ils visent. Ce qui importe, c'est de ne pas enfermer cet Innommable, et donc de le trahir, dans des vocables déficients, de ne pas confondre la lisière jonchée de fragments, d'esquisses du Nom secret, avec la clairière très nue où resplendit ce Nom. Ce qui importe, c'est de laisser les noms incertains prêtés à Dieu vibrer dans la lumière émanant de son Nom secret, tinter et résonner au vent de son Esprit.

Tu dois être limpide et habiter l'instant,
Pour qu'en toi Dieu se voie et doucement repose.

Angelus Silesius

Mais il ne suffit pas encore que nous recevions notre part de langage et notre part d'héritage culturel et spirituel pour pouvoir accéder pleinement à la reconnaissance du désir qui nous tourmente. Il faut encore interroger ce désir, le travailler, l'interpréter, puisque le propre de la pensée est d'interpréter. Tout est traduction et interprétation. Et c'est là que se pose le problème des choix que nous opérons pour entreprendre notre voyage spirituel: quelle «idée de Dieu» élaborons-nous, à partir de quel «Testament» (le choix offert par les diverses civilisations étant vaste)? Quelle lecture faisons-nous de ces textes que nous avons retenus? Quel(s) maître(s) spirituel(s), éventuellement, élisons-nous pour nous guider? Ces choix sont capitaux, ils dirigent notre cheminement. C'est pourquoi ils sont périlleux, les contresens de lecture et les maîtres imposteurs étant nombreux. Combien d'empoisonneurs d'âmes se font passer pour des sourciers de lumière, combien de naufrageurs parmi ceux qui invitent à l'aventure spirituelle sous leur autorité? Ils sont nombreux, et leurs disciples sont légions.

Il existe un critère d'évaluation, cependant, pour savoir comment se tourner vers Dieu et si l'on peut se fier à tel ou telle qui vit et parle en son nom. Un critère simple et lumineux: celui-là même que le

Christ a donné à travers chacune de ses paroles, chacun de ses regards, chacun de ses gestes, et qui consiste en sa capacité de libérer les êtres de tous leurs maux, de chasser les «démons» qui les hantent, de les délester de leurs passions, de souffler sur leurs illusions et sur leurs mensonges comme sur de la poussière, de dissoudre leurs peurs. Sa capacité de réduire à néant toute forme d'esclavage, à commencer par l'esclavage intérieur.

Seul le chemin, aussi ardu soit-il, qui conduit vers une délivrance croissante de notre être entier – chair, cœur et esprit –, vers un déliement du moi se détournant toujours davantage de lui-même pour élancer son souci vers les autres, est sûr spirituellement. Seul le passeur qui révèle ce chemin à ceux qui cherchent sans trop savoir où et comment pérégriner, qui est capable d'y assurer leurs pas et, surtout, de s'effacer dès qu'il voit que ces nouveaux marcheurs ont trouvé leur rythme et vont d'un pas ferme vers l'orient extrême du monde situé au plus intime de leur propre cœur, seul ce passeur-là est digne d'être considéré comme un maître spirituel. Il n'y a de maître que serviteur, de grandeur que dans la bonté et le don, d'élévation que dans un agenouillement préalable aux pieds de son prochain afin de les préparer à la route, en les lavant dans l'eau de la patience, de l'humilité et de l'endurance.

Il n'y a de maître que transparent, et *trans-parlant* à fleur de silence.

à relire et relire
quelle nourriture, bonne et juste

Sylvie Germain

Richard Bergeron théologien UDM

La grande partance

J'ai toujours admiré les départs, depuis le banal partir pour l'usine ou les champs jusqu'aux glorieux départs pour la conquête de tous les Everest, la traversée de toutes les steppes et la découverte de toutes les îles perdues. Les départs définitifs, sans retour, sans condition, sans esquive m'ont toujours touché: celui du jeune homme qui quitte le foyer pour prendre le chemin de la vie, de l'émigrant qui tourne résolument le dos à son pays, de la jeune fille qui franchit la clôture du monastère, de l'amoureux qui s'engage à la vie, à la mort. Au fond, il n'y a de vrai départ que solitaire: chacun part seul, avec pour guide sa boussole, pour moteur son courage et pour lumière son intuition. La véritable aventure ne commence que là où la route finit, que là où les conditions du voyage sont inconnues et le terme incertain.

J'ai appris, tout jeune, à m'émouvoir de la partance des grands aventuriers spirituels. Aujourd'hui encore, ce sont les seuls départs qui me fascinent vraiment parce qu'ils sont toujours étonnants et périlleux. Mystérieux surtout, et insaisissables et un peu fous – comme le souffle du vent. Ils sont tous partis en solitaire, pour la grande marche vers l'inaccessible, résolus à aller jusqu'au bout d'eux-mêmes, jusqu'au bout de l'appel entendu. L'un est parti d'Ur en Chaldée vers un pays qu'il devait recevoir en héritage (He 11, 8); un autre de son château royal vers l'illumination absolue; un troisième de sa fertile Égypte pour un pays où coulent le lait et le miel; un autre de sa paisible Galilée vers un royaume non observable (Lc 17, 20); un autre, de son opulente Mecque pour l'irréalisable *umma*; un dernier de la sécurité de la loi pour la connaissance du mystère du Christ. Ils sont tous partis sans savoir où ils allaient, sans connaître la route et ignorant ce qui les attendait. Abraham a débouché sur un non-lieu, Gautama sur l'absolue vacuité, Moïse sur un infranchissable désert, Jésus sur le vide kénotique d'une croix, Mahomet sur une interminable *jihad* et Paul de Tarse dans les chaînes d'une obscure prison.

Ils ont cherché la plénitude, mais trouvé le désert; la liberté, mais trouvé les chaînes; la richesse, mais trouvé la pauvreté; Dieu, mais trouvé le rien. Ils ont tous fait la Grande Expérience qui consiste à accéder à la plénitude de soi par la perte de soi; aux mille potentialités de vie par la vacuité absolue; à la plus increvable liberté à travers l'insondable détresse; à l'homme nouveau par la mort de l'ancien. Il n'y a que le désert qui conduise à toutes les terres promises. Mieux, ce n'est qu'au cœur du désert que jaillissent les terres promises et les villes saintes. Il n'y a d'expérience de Dieu que dans la pauvreté du vide, de découverte de soi que dans la perte de soi. Le fruit n'est pas au bout de la route. Puisque l'objet poursuivi est inaccessible, il ne peut y avoir de terme au cheminement. Le terme est toujours inscrit dans la route. On ne le touche qu'en marchant... dans le désert. C'est en espérance qu'ils ont anticipé au cœur de leurs pérégrinations l'objet tout désiré. Ce qui est attendu devient mystérieusement compagnon de route. Toute marche spirituelle reprend l'expérience des disciples d'Emmaüs. L'attente, même déçue, est plus forte que la possession.

Tous ils se sont levés, ont durci leur visage et ont pris la route vers leur Jérusalem. Ils sont partis... Partir, c'est mourir un peu. Il n'y a pas de départ véritable sans mort. On ne peut partir vraiment sans quitter son père, sa mère, sa maison, ses biens. Son père, c'est-à-dire l'ensemble des lois et des interdits qui s'imposent de l'extérieur. Sa mère, c'est-à-dire le confort, la chaleur et la sécurité qui assoupissent. Ses frères et sœurs, c'est-à-dire la domination d'une société tissée par les liens du sang, de l'ethnie, de la race. Sa maison, c'est-à-dire toutes les assurances et garanties que donnent les biens et les avantages qu'ils procurent. Tous ont troqué l'avoir pour l'être, le devenir pour l'espérance et l'utopie.

Abraham a quitté l'opulence de la capitale chaldéenne pour devenir le père des itinérants; Gautama, la sécurité du palais royal pour expérimenter la détresse humaine; Moïse, les faveurs du Pharaon pour la brûlure du désert; Jésus, une vie tranquille pour l'inconfort des routes hostiles; Mahomet, un lucratif négoce pour une mission remplie d'obstacles imprévus; Paul de Tarse, la justice de la loi pour la suite hasardeuse du Christ. Ils ont tous quitté la meilleure part pour choisir un sort indésirable avec son lot d'amertume.

Mais pourquoi, pourquoi donc sont-ils partis? Je ne comprends pas. On ne décide pas comme ça, à l'improviste, un bon matin en prenant son café sur la terrasse de s'arracher à toutes les sécurités pour partir vers nulle part. Ça vient de loin, ça monte profondément de soi, ça descend de haut. J'ai souvent pensé que les grandes partances spirituelles se sont faites en réponse à un appel aussi mystérieux qu'irrésistible surgissant de quelque caverne ténébreuse ou de quelque empyrée insaisissable. Ce ne peut être ni par caprice ni par mouvement spontané du cœur qu'ils sont partis pour le désert, mais poussés par un souffle puissant venu du dedans certes, au-delà des frontières connues de la conscience réfléchie. C'est que, un beau jour, ils ont entendu pour la première fois leur nom véritable, celui qui est inscrit sur l'envers du cœur, véritable face cachée de la lune. Appel mystérieux jailli à minuit dans leur temple de chair: «Samuel... Samuel». Ils ont répondu: Me voici. Et se sont levés et sont partis à la conquête de leur nom nouveau où est scellé le mystère de leur être. Oui, je me lèverai et j'irai vers mon être véritable.

Partir, c'est donc en définitive se choisir, choisir le genre d'humain qu'on veut devenir, avoir le courage d'opter pour soi en toute liberté. C'est refuser catégoriquement de se laisser mouvoir par les pulsions élémentaires, par les exigences du personnage et par la vaine gloire ou la peur; de se laisser définir par son milieu, sa religion, ses croyances, son image de Dieu, en un mot par tout ce qui est extérieur à soi, par ceux qui savent ou qui ont le pouvoir d'imposer les stéréotypes socioreligieux dominants. Se choisir, c'est s'arracher au vitalisme biologique et se situer librement face aux déterminants psychosociaux et aux lois qui régissent la peur, la culpabilité et le jeu des compensations. Partir, c'est décider de se lever du tombeau du surmoi, de briser le sarcophage du faux personnage, de s'exhumer de la peur de dire non, de faire de la peine, de ne pas être aimé.

Partir, c'est s'arracher à tous ces «je» qui prétendent exprimer et mobiliser l'être essentiel, pour revenir au creux de l'existence vers le centre de soi-même. On se réveille un bon matin, et, oh! surprise, la demeure est vide: le soi a été jeté dehors. Il n'y avait plus de place pour lui dans cette hôtellerie surpeuplée de soucis, de bonnes œuvres, d'obligations, de distractions, d'interdits, de peurs et de personnages bizarres se réclamant de son nom. De fait... le soi n'a pas quitté la maison, il s'est tapi au fond du dernier placard comme une souris transie d'effroi.

En réalité, les grands itinérants spirituels cherchent tous à franchir l'écart qui les sépare d'eux-mêmes. Ce sont des passeurs de rives: ils vont d'eux-mêmes à eux-mêmes. En eux-mêmes, ils trouvent désert, calvaire et vide; mais aussi oasis, illumination et royaume des cieux. En eux se dressent les démons tentateurs aux mille déguisements, mais aussi les anges de lumière et de réconfort. C'est en eux-mêmes, au bout d'eux-mêmes, qu'ils goûtent aux fruits de la connaissance, qu'ils entrent dans le sein du Père, qu'ils pénètrent dans la terre promise et le royaume caché, et expérimentent la vacuité porteuse de potentialités infinies. En eux-mêmes poussent l'arbre de la bodhi, le buisson ardent et le Christ. Dans le vide, le plein; dans le désert, l'abondance; dans l'isolement, la solitude; dans l'obscurité, la lumière.

Mais il faut dissoudre tous les faux dieux et fracasser toutes les idoles. Partir exige que s'accomplisse l'opération la plus douloureuse qui soit: se libérer des images divines introjectées par la religion. «L'être humain ne peut accéder à lui-même que s'il dissout les images divines aliénantes de son enfance et met à leur place son propre moi[1].» Sur la voie du développement spirituel, le moi doit passer par cette vertigineuse phase athée. En cela consiste spécifiquement la grande partance: quitter les dieux proposés par la religion de ses pères et objectivés dans ses propres structures mentales et psychiques, et partir à la recherche du vrai Dieu, celui de la subjectivité. Délaisser toute image objective de Dieu et se défaire de toutes les idoles, non sur le mont Carmel comme Élie, mais en soi-même dans sa propre conscience.

Quitter Ur, c'est s'éloigner du Dieu Moloch qui exige le sacrifice des enfants, pour aller à la recherche d'un Dieu qui demande l'offrande du cœur. Quitter l'Égypte, c'est abandonner le Dieu des Armées, le Sabbaoth, pour se mettre en quête du «Je suis» du buisson ardent brûlant au fond de l'âme. Quitter le Dieu des Pères emprisonné dans le Temple, c'est découvrir le Père dans l'arche de son propre cœur. Quitter le palais royal, c'est refuser le Braman védique de la caste sacerdotale pour partir à la recherche de la vacuité absolue sous l'arbre de la bodhi qui pousse dans la conscience. Quitter les dieux tribaux d'Arabie, c'est opter pour Allah l'unique, le Très miséricordieux à qui le cœur doit entière soumission (islam).

La grande partance s'inscrit dans un processus de passage du Dieu objectif de la religion instituée, du dogme, de la loi et de la morale, au Dieu imprévisible de la subjectivité. Le Dieu objectif est immuable dans ses paroles et ses exigences; il est rassurant parce que prévisible. La théologie et le clergé en ont fait le tour et en connaissent les volontés. C'est un Dieu qu'on peut amadouer, domestiquer, mettre au service

---

[1] Drewermann, E., *Dieu en toute liberté*, Paris, Albin Michel, 1997, p. 324.

de ses besoins et de ses désirs. Au contraire, le Dieu de la subjectivité échappe à toute prise de l'intelligence et du cœur, de la morale et des vertus. C'est un Dieu libre comme l'air, imprévisible, étonnant, indomptable. C'est le Dieu de la question, mystère innommable, qui a une parole particulière pour chacun, interpelle chacun de façon originale et pose sur chacun une exigence spécifique. Le Dieu de la subjectivité ne connaît ni le général, ni l'abstrait, ni le genre, ni l'espèce, ni la masse indifférenciée. C'est le Dieu du particulier, de l'individu dans son existence singulière; un Dieu qui n'existe qu'en rapport avec le sujet, et dont l'altérité n'est jamais dualisme et l'unité jamais monisme. Dieu au-dedans de moi comme moi-même, qui n'est «tu» que dans mon «je». Le Dieu de la subjectivité est éprouvé comme moi et non-moi. Dieu n'est pas moi, mais il n'est pas non plus un autre. Dieu et moi, nous sommes un et autre. Ni pure identité, ni simple altérité. Le Dieu de la non-dualité n'advient que dans la subjectivité. C'est dire que Dieu n'existe pour moi que dans la mesure où je deviens moi-même dans la liberté. «Comment penses-tu te rapprocher de Dieu, si tu es loin de toi-même?», disait Augustin. C'est dire qu'en se rapprochant de soi, chacun découvre Dieu, son Dieu bien à lui, celui qui naît de son sein. Chacun son Dieu. Un pas vers soi est un pas vers Dieu. La grande partance est tout à la fois un départ vers soi et vers Dieu en soi. Dans la découverte de soi s'accomplit la sainte trouvaille. Dans l'épiphanie du soi profond se dévoile le Dieu mystérieux qui s'y cache. Dieu se révèle à travers le soi qui le voile.

Pour entendre son nom véritable, mais inconnu, à travers la cacophonie qui sourd des profondeurs, on doit prendre conscience que rien ne va plus, qu'on tourne en rond, qu'on est sclérosé ou endormi dans le devenu asphyxiant, en un mot, qu'on est en panne. Certes on peut avoir l'illusion de marcher parce qu'on s'active. Ce n'est pas parce qu'on se déplace qu'on avance. On croit marcher alors qu'on fait du surplace sur le tapis roulant de la vie. Plus le tapis tourne vite, plus on presse le pas. On croit se mouvoir, mais c'est le décor qui se déroule devant soi, comme dans les vieux films.

À transporter sa maison avec soi, on ne marche pas; à «portager» son univers mental et religieux, on ne fait que se déplacer; à porter dans son baluchon ses vieilles idées, ses habitudes, ses éternelles rengaines, on piétine. Si tout est prévu d'avance, va-t-on vraiment quelque part? Si on emporte avec soi le but poursuivi, avance-t-on vraiment? Si on se munit de toutes les cartes et de tous les *vade-mecum*, si on sait où se trouvent les accidents de terrain et les bivouacs de repos, part-on à l'aventure? Si on passe du pareil au même, fait-on autre chose que de rester sur place? Dans l'authentique partance spirituelle, on ne sait guère d'où on part et on ignore totalement où l'on va. Itinérance oblige: il n'y a ni chemin tracé, ni plan connu, ni devis descriptif. Personne n'a foulé mon pays avant moi; personne n'y a tracé de sentier pour moi. Les autres avant moi ont arpenté leur propre domaine. Certes, ils m'inspirent par leurs exemples et m'instruisent de leurs expériences et de leurs conseils. Mais ils ne déroulent pas devant moi un sentier préfabriqué sur lequel je n'aurais qu'à marcher en suivant les indications.

On surmonte l'illusion de marcher quand on prend conscience que ça ne marche plus, vraiment plus, qu'on tourne en rond. La situation ne peut plus durer. Il faut que ça change, non pas à l'extérieur, dans les lois et les institutions, mais en soi. Non pas que *ça* change, mais que *je* change. Non pas le changement des structures et des autres mais la transformation de soi. Celui qui veut changer le monde doit commencer par lui-même, transformer son propre cœur, faire taire les voix étrangères, se confronter sans détours à sa propre vie, faire la vérité au fond de lui. C'est là, au tréfonds de l'âme, que l'important se passe, que le monde est transformé et l'humain, transmuté. Ce n'est pas de cataplasme, de pansement superficiel ou de traitement local qu'il s'agit, mais de rien de moins que d'une partance, d'une rupture avec le devenu, d'un arrachement à son ego endormi, d'un départ vers le non-lieu.

Que se passait-il dans la vie d'Abraham, de Moïse, de Gautama, de Jésus, de Mahomet quand ils ont pris conscience que ça ne pouvait plus durer et qu'il fallait partir: de la Chaldée de son enfance, de sa grasse Égypte, de son palais doré, de sa «sainte» famille, de sa Mecque porteuse d'avenir. On ne le saura jamais. Reste qu'on ne peut raisonnablement opérer une telle rupture sans motif grave, sans raison valable. Nous l'avons dit plus haut: c'est un souffle puissant venu d'ailleurs qui a poussé ces grands itinérants vers le désert purificateur. Mais il faut nous presser d'ajouter que leur partance ne peut finalement s'expliquer sans une décision personnelle surgie de la prise de conscience vive que leur situation ne pouvait plus durer sans infidélité à l'appel de leur être profond. Il leur fallait répondre «présent» à leur nouveau nom encore enveloppé de mystère.

Il n'y a pas d'âge pour partir, pas d'âge pour commencer. Abraham était un vieillard; Moïse, Jésus et Mahomet des hommes mûrs; Gautama et François d'Assise de jeunes hommes. Au commencement, l'Ancien des jours créa le ciel et la terre. Le meilleur âge pour partir est celui que l'on a; toute situation est propice à un nouveau départ. Commencer, c'est la forme que doit prendre la vie spirituelle. Il faut briser le rythme de son train-train journalier et cesser de faire encore et toujours ce qu'on a toujours fait et bien fait. Continuer pourrait signifier s'emprisonner dans l'habitude et la routine et glisser lentement dans l'inconscience. Il ne s'agit pas de recommencer, comme si le passé avait été mauvais et qu'il fallait le reprendre. Mais commencer tout simplement parce que la vie est toujours nouvelle.

On part parce qu'on est devenu étranger à soi-même, qu'on n'a plus de place chez soi et que sa demeure est habitée par trop de personnages aux masques insolites. Petit à petit, on prend conscience de sa propre étrangeté. Un jour, ça devient clair, insupportable. On est devenu étranger à tout ce qui jusque-là était familier: ses personnages, son surmoi, sa façon de vivre, sa profession, ses habitudes, ses croyances. On se sent mal à l'aise dans l'habit du croyant, du pratiquant, du professionnel et du prêtre qu'on a été jusque-là.

Notre environnement religieux nous devient étranger. Les mœurs cléricales, les discours pieux, la structure ecclésiastique, les stéréotypes spirituels, les rituels, les énoncés dogmatiques: tout devient gueule de bois. Ça ne nous parle plus. Tout ce monde religieux qui nous était familier et nous allait à merveille nous est devenu étranger, ne va plus de soi, ne nous dit plus rien; on s'y sent à l'étroit, on s'en détache. S'estompe le sentiment d'appartenance; on prend ses distances... et on part.

Ce sentiment d'étrangeté s'étend à l'espace public. Les règles du jeu, la philosophie ambiante, les idées reçues, le système de vie, le consumérisme: tout s'éloigne en douce. Un écart se creuse. S'insinue un malaise qui ne fait que grandir. On est devenu étranger au monde.

On se quitte et on part parce qu'on est devenu étranger autant à soi-même qu'à son monde religieux et à son environnement social. La grande partance commande le réaménagement des rapports qui définissent sa vie: rapport à soi, aux autres, au monde et, à travers ces rapports, relation à Dieu. Le familier produit l'usure; la répétition, le sommeil; l'agitation, la dispersion; l'activisme, l'essoufflement. Au cœur de l'expérience du dépaysement et du sentiment d'étrangeté, gît un puissant dynamisme de renouveau qui fait de l'étranger un pèlerin, un itinérant en marche vers son inaccessible Compostelle. Quand notre propre masque nous devient étrange, que Dieu nous paraît bizarre et que le monde cesse de nous convenir, c'est l'heure du grand départ. Aussi longtemps que Dieu, le dogme, le monde et notre personnage nous sont familiers, rien ne se passe. Pas de questions. Que des réponses. Or, c'est dans le mouvement de recherche que la vérité chemine et se révèle à la fois. La question possède une force dont est dépourvue la réponse. Et toute réponse qui ne pose pas une nouvelle question fausse le cheminement; elle court-circuite la force du mouvement; elle se suicide en devenant une fin, c'est-à-dire une vérité qui se meurt parce que personne n'a plus de question à lui poser. C'est dans cette ouverture au questionnement que nous nous livrons à nous-mêmes, aux autres et à l'Autre, dans la certitude de demeurer à nous-mêmes un mystère inépuisable dont nous ignorons le chiffre.

La réalité, toute réalité, est étrangère par essence. Être étranger, telle est la caractéristique fondamentale du monde (qui est si surprenant, insolite, bizarre), de Dieu (qui est l'insaisissable, l'Autre par excellence, l'Étranger absolu) et de soi (qui est si occulte, mystérieux, obscur). La catégorie d'étranger est applicable à tous les êtres, principalement à Dieu et à soi-même. L'étranger vient d'ailleurs, appartient à l'ailleurs et reste toujours ailleurs. Il est insaisissable, incompréhensible, mystérieux, fuyant, toujours dérangeant. Il soulève étonnement et fascination, peur et interrogation.

Lorsqu'une manifestation de la réalité (un étant, une parole, une image, une structure, un rite, une action, une chose) cesse de nous être familière et nous devient étrangère, c'est qu'elle est dorénavant incapable d'exercer sa fonction épiphanique; incapable de dire, d'exprimer, de révéler la vérité dont elle se veut l'expression tangible, vérité qui nous échappe toujours parce qu'elle est essentiellement hors de notre atteinte et de notre contrôle. Dans la saisie de l'étrangeté d'un être ou d'un phénomène, nous faisons l'expérience que la réalité qui s'y cache le dépasse infiniment et est toujours ailleurs. C'est la schékina qui quitte le temple; la vérité, la formule; la volonté divine, la loi objective; le moi profond, son personnage multiple. Lorsque je me deviens étranger à moi-même, c'est que mon être authentique ne se reconnaît plus bien dans aucun de ses paraître et ne peut être enfermé dans aucune définition. L'expérience de l'étrangeté révèle que la réalité est toujours ailleurs.

Fascinés par l'ailleurs, par le soi toujours obscur et par le *Deus* toujours *absconditus*, les grands aventuriers du spirituel sont partis à la poursuite de ce qui leur était inconnu, intouchable, totalement étranger. Aussi paraissent-ils si étranges à nos yeux qui regardent sans voir, si étranges à une société, à des lois et à des valeurs auxquelles ils n'appartiennent plus. Étranges comme des hommes libres au milieu d'un camp d'esclaves, comme des affamés dans un monde vautré, comme des non-violents sur un champ de bataille, comme des utopistes parmi les «installés», comme des justes dans un monde pervers, comme des éveillés au milieu des dormeurs. Aussi, devenus gênants et gêneurs, ont-ils tous été frappés d'ostracisme et rejetés comme des corps étrangers: Moïse par le peuple au désert, Gautama par les pros de la religion védique, Jésus par sa famille et les autorités religieuses, Mahomet par ses concitoyens aussi bien polythéistes que juifs et chrétiens, Paul par la synagogue, François d'Assise par son père et ses amis. Le sort de celui qui part, c'est d'être rejeté par ceux qui restent. La partance spirituelle stigmatise socioreligieusement le partant: «C'est un utopiste, dit-on, un rêveur qui n'ira nulle part, un irresponsable qui est infidèle à ses engagements, un révolutionnaire qui ébranle les structures, un hérétique qui s'éloigne de la vérité, un loup dans la bergerie. Allons, tuons-le...»

L'acte de partir pour l'aventure spirituelle est chargé d'amertume; il ne se réalise que dans les larmes. Mais bientôt s'accomplit la transmutation alchimique: le plomb se change en or; sur le morceau de débris pousse une fleur odorante; de la côte du vieil Adam jaillit l'homme nouveau, spirituel qui donne la vie. Poussé par un souffle imprévisible, *l'homo spiritualis* part à la conquête non du bonheur, mais de la liberté, et tant mieux si le bonheur jaillit au cœur de la liberté. Mais ce sera toujours un bonheur lourd et une joie venue d'ailleurs. «Entre dans la joie de ton Maître...»

Richard Bergeron

Qui es-tu et qui suis-je?

Pierre Brunette
Provincial des
Franciscains
Mtl

L'itinérance spirituelle

Seule l'urgence du propos me pousse à prendre ici la parole. L'urgence, doublée de la certitude qu'on ne parle en vérité que de ce que l'on a traversé soi-même. Ce à quoi on s'est mesuré dans son histoire. *Itinérance spirituelle.* Comment nommer une démarche intime sans la trahir ni en faire un parcours obligé? Comment évoquer ma propre quête pour que chacun reconnaisse la sienne? Passages obligés, quêtes uniques? Voilà le paradoxe inévitable d'un texte malhabile sur la pointe d'une expérience et sur ses possibilités d'évocation pour la vie d'autres pèlerins.

Un exil nécessaire

L'itinérance est un art de vivre, de se vivre et de cheminer. Sur le plan spirituel, vous soupçonnez qu'il s'agit d'un exil vers l'intériorité, au sens scripturaire d'être «comme des étrangers et des gens de passage» (1 P 2, 11). Non seulement se savoir chaque jour en chemin vers un sens, mais aussi ne pas se sentir à sa place chez soi ni se croire parvenu à destination. Je pense ici à une poursuite incessante, selon les âges de la vie. Elle s'amène comme la nostalgie d'un ailleurs. Certains diront «nostalgie des choses d'en haut». On parle beaucoup de pèlerinage et pas assez de l'étrangeté qui jalonne ce genre d'exil. Il y a un inconfort à cheminer, tributaire d'une cassure en soi. Voilà l'étrangeté, la cassure qui dérange plus que la rigueur de la route, la persévérance éprouvée ou la lourdeur de ses pas.

J'entends des dizaines de personnes exprimer leur fatigue: «C'est dur de toujours chercher.» Leur découragement aussi: «Après tant d'années, je ne suis pas encore converti ou devenu meilleur chrétien!» Elles oublient qu'il s'agit d'une condition vitale. L'écartèlement entre là où je pose les pieds et là où je veux aller est ce qui garde jeune l'expérience. Accepter ma condition de pèlerin et d'étranger me conduit à garder mon regard braqué sur un horizon insaisissable. Avec le risque de mourir en chemin, sans avoir foulé la Terre Promise ni possédé l'objet de ma contemplation. Abraham, Moïse et Jésus sont morts aux portes de la Terre Promise. Morts dans leur désir.

Ma quête d'un sens n'est pas forcément spirituelle parce qu'elle me donne d'entrer en moi. Où commence le spirituel? Nulle part ailleurs que dans mon humanité consentie, mon histoire assumée, mes sens, mon cœur et ma raison réconciliés. Pour éviter toute méprise, entendons-nous sur le mot spirituel: l'*esprit* avec un *e* minuscule ou majuscule, l'*Esprit*, à l'œuvre en chacun et dans le monde. Autrement, tout est dans tout. D'emblée, je me situe sur un registre de foi. L'aspect spirituel de ma foi sera réfléchi, médité, prié et célébré; quelquefois, il va se réclamer d'une figure de sainteté, d'une tradition établie, d'un courant de pensée ou d'une Institution. D'autres fois, il empruntera des mots, des images, des énoncés qui ne sont que le pâle reflet d'un balbutiement intérieur. Mettons de côté nos références aux structures et aux écoles et nous arrivons tous au même carrefour. Cheminer spirituellement évoque ce mouvement, plusieurs fois millénaire, inscrit en vous et moi de la naissance à la mort, un mouvement vers notre seul pays d'origine.

Tu me manques!

Quel est ce pays d'origine? C'est la langueur de tout mon être, issue d'un manque. Les psaumes en parlent comme d'une *soif*, les mystiques comme d'une *blessure*. Ce manque surgit à l'improviste ou traîne des années, mais finit par s'imposer au point de me mettre en état d'alerte. Ce n'est pas un vide à combler. Autrement, je plongerais intérieurement pour m'appuyer sur une béquille que la vie, le monde et les autres ne pourront jamais satisfaire.

«Tu me manques» démarre mon pèlerinage intérieur. C'est mon être qui le murmure. J'exprime ainsi mon désir de l'Autre et d'un ailleurs. Je formule clairement ou par le manque mon attente de complétude. Ce n'est pas tant moi qui prends l'initiative de la route que ce manque, ce désir. Il me saisit, aiguise ma curiosité ou anime ma quête d'autre chose que moi. Comme si je disais: «Je te désire sans fin.» Mon désir appartient à Dieu. Mon désir de Dieu est une brèche pour le chercher. Je découvrirai un jour que Dieu aura été pèlerin à mes côtés, le premier à se mettre en quête de moi, de nous. La toute première question de la Bible me fascine; vous la trouvez dans la bouche de Dieu: «Adam, où es-tu?» (Gn 3, 9) Peu importe son nom matriciel, il ou elle nous a cherchés dès les origines. Nous en portons l'écho et la trace.

Ce manque brûlant me dit que mon sentiment d'étrangeté sort des fibres de mon être et de l'écartèlement de mon propre désir. Je suis fait pour un ailleurs et cet ailleurs est l'accomplissement de son propre désir en moi, lui, le Dieu de ma quête. Voilà ce qui m'attire, capte mes sens et ma raison sur la voie intérieure. Les spirituels qualifient ce manque d'*inquiétude*, au sens latin du mot *in-quies*, une tension sans repos ni satisfaction. La prière n'est qu'un dérivé de ce manque: une inquiétude vigilante pour rencontrer, mieux, une *at-tention* à l'Autre qu'on ne voit jamais. «Seigneur, tu me manques depuis l'éternité!»

Quand François d'Assise, fiévreux sur la route de Spolète, rebrousse chemin au lieu de partir en guerre, c'est à cause du désir intérieur qui talonne sa vie. Il se prend à discerner les intentions de sa quête. Une voix vient faire le départage entre son projet de suivre un chevalier papal ou Dieu: «Qui veux-tu servir, le maître ou le serviteur?» Et lui de répondre «Le maître.» «Pourquoi courir après le serviteur au lieu de chercher le maître?» «Seigneur, dit François, que veux-tu que je fasse?» «Retourne au pays qui t'a vu naître. Ta vision recevra de moi une réalisation spirituelle.» Son pays d'origine est plus que sa ville natale: c'est la terre de son questionnement. Chacun possède sa terre d'appel. Elle se situe à la frontière de sa disponibilité au désir originel. «Seigneur, que veux-tu que je fasse?» exprimera donc mon consentement à cheminer et à chercher. Nos questions deviennent souvent nos meilleurs guides pour discerner, encaisser nos déroutes ou espérer un horizon lointain. L'itinérance spirituelle emprunte aussi le rythme de notre existence physique et de notre maturité psychologique.

Quitter le monde

Vous connaissez les ruptures vécues par tout voyageur? Pensez aux Israélites dans la nuit de leur Exode ou aux disciples intéressés à suivre Jésus. De part et d'autre, ils doivent se désencombrer le cœur, se délester de ce qui gênera la marche, abandonner leurs sécurités et faire confiance à la route pour le nécessaire. Le code ancestral du pèlerin n'épargne rien. Il considère le danger des contrariétés, l'obligation d'alléger ses moyens, les mirages du confort et la tentation constante de s'installer. «Comme des agneaux au milieu des loups, n'emportez pas de bourse, pas de sac, pas de sandales... ne passez pas de maison en maison...» (Lc 10) Jésus exige de moi de ne pas m'appuyer sur mes ressources devant l'urgence d'aller à Dieu. Le seul trésor confié à mon espérance: l'expérience de Dieu est accessible maintenant. «Le Règne de Dieu est arrivé jusqu'à vous» annonce-t-il. Même l'épaisseur de mon être dévoilera un peu de cette expérience; ne pas voir Dieu m'est une grâce en chemin.

Pourtant, je dois décider de partir pour le chercher. Surtout me quitter, sortir de moi et de mon égoïsme. Les Pères de l'Église aimaient l'expression «quitter le siècle». Se quitter soi ou le monde et la mondanité, en soi, c'est pareil. Mais comment secouer la poussière des fausses terres ou du trop plein de soi? En avançant avec sa conversion à vif, comme un arbre inversé, les racines plantées au ciel. Peu importe l'âge, accepter encore et toujours l'appel du Maître à redevenir disciple. Jésus n'a rien proposé d'autre que ce qu'il a lui-même éprouvé. «Si quelqu'un veut me suivre...». Tout est dans le «si». Personne n'est forcé au pèlerinage. Une fois en route, je découvre à quel point je n'ai pas fini de quitter le monde, puisqu'il ne m'a jamais quitté.

L'autre, un don et une épreuve

Je resterai fondamentalement seul face à l'enjeu de ma quête. Seul dans mes haltes et mes tournants, seul pour assumer ma condition de pèlerin. Il n'y a pas mille détours décisifs dans ma vie, que ce soit au cœur de la mêlée ou à l'écart: choisir Dieu, aimer l'autre, porter le monde, affronter la mort. Mon intériorité m'appartient. Je suis seul, donc, dans les remises en question profondes et dans les tentatives de réponses. L'intériorité reste un voyage solitaire.

Cependant, je découvre petit à petit la communion cachée au creux de ma singularité. L'autre, les autres balisent mon itinérance. Ma vie est traversée de pèlerins solitaires qui se retrouvent aux carrefours, se reconnaissent solidaires puis se relancent dans l'expédition folle vers Dieu. Solitaires et solidaires par nécessité! «Lorsque le Seigneur m'a donné des frères...», écrit saint François avant de mourir. Ainsi, l'autre s'amène comme un don sur ma route. Comprenez par l'autre, l'ami, le couple, la famille, la communauté, ce lieu familier que des partenaires croisent en passant. L'autre se révèle à l'occasion comme une épreuve. Voilà le paradoxe du compagnonnage. Il peut éclairer ma terre d'origine comme m'en interdire l'accès. Mais, je ne pourrai jamais me poser en marcheur isolé, enfermé dans ma singularité. Chaque itinéraire exige, de vous et moi, de rendre des comptes, un peu comme Caïn en face de Dieu: «Qu'as-tu fait de ton frère?» Même seul, je me découvre responsable d'autres destinées. Les disciples d'Emmaüs sont le plus bel exemple de communion et de prise en charge de l'autre pour apprendre à chercher et à croire courageusement.

Et même les personnes qui se réclament d'un guide et acceptent de dépendre des lumières de quelqu'un dont la seule autorité est d'avoir traversé sa propre expérience doivent s'approprier leur propre cadence. L'autre ne me privera jamais de ma propre démarche. Je pense à cette définition imagée du mot *guru : celui qui, la lanterne en main, m'aide à faire reculer les ténèbres*. Je dois donc risquer mes pas, avancer avec l'autre à mes côtés, et repousser les ténèbres, prêt à répondre «Me voici!»

Entrer dans mon Exode

Avec le temps, l'intériorité s'alourdit de possessions qui me ramènent inévitablement au pourquoi du pèlerinage. Je finis par accumuler des biens qui s'appellent succès, expérience, sagesse ou assurance, réputation, performance, etc. Tôt ou tard, ces biens s'entassent, me font buter contre des amas d'idoles et me font dévier du parcours. «Ai-je encore besoin de Dieu quand j'ai accédé à mon identité, à un peu de maturité ou au succès apparent de ma vie?» J'ai l'intuition qu'il y a plus que mon activité ou que mon projet de sainteté. Mais je risque de me replier sur mes acquis. Je risque aussi de me retrouver plus riche en chemin qu'au point de départ. Je réalise que mes possessions me possèdent. C'est le désert, ce lieu incontournable de mise à l'épreuve malgré le confort de mon bien.

La voie spirituelle inclut toujours l'expérience du désert. Comment choisir la route de la dépossession pour n'avoir rien d'autre que Dieu? Vous savez d'expérience que ce n'est qu'en affrontant ses idoles mais aussi en redevenant pauvre de cœur. Quand je n'ai plus rien à produire, rien à prouver ni à gagner. Vous me direz qu'elles sont multiples les expériences du *lâcher prise*: l'échec, le rejet, la souffrance, la séparation, tous des lieux arides propices à la simplification de l'esprit. Les mains vides de tout et de moi, c'est alors que je peux tout recevoir, y compris me recevoir dans le mystère infini de Dieu.

Avant de libérer, la nuit de l'Exode dépossède. Israël s'engage dans sa Pâque avec sa condition d'esclave. D'esclave qu'il était, il deviendra pèlerin affranchi. L'un ne va pas sans l'autre. Inutile de prétendre cheminer vers Dieu uniquement avec la générosité de son intention. Il faut se rendre avec ses chaînes et la certitude de sa vision. Pour traverser mon Exode, j'emporte mon néant autant que mes conquêtes. La nuée de jour et la colonne de Feu de nuit rappellent à Israël à quel point son itinéraire dépasse sa servitude. Après avoir traversé mon Exode, j'en ressors avec des stigmates. Dorénavant, je sais d'où je viens et le prix que j'ai dû payer pour traverser mon désert et devenir libre en Dieu.

Qui es-tu Seigneur et qui suis-je?

Voici l'interrogation de toute une vie. François d'Assise la priait chaque jour. Après avoir reçu dans sa chair le sceau du Crucifié, il doute de lui et s'étonne encore de Dieu. Mon itinéraire, comme le sien, est en bosses et en creux. Il a exigé maints combats; il demande mille réconciliations. Je me promène entre le consentement et l'affrontement. Pensez à Jacob se roulant dans la poussière jusqu'à l'aube avec l'Étranger. Il vient de traverser seul le

Yabbok au mitan de sa vie pour se mesurer avec son identité et son désir. Il tente d'arracher à l'Étranger une bénédiction alors que l'Étranger le somme de s'exposer avec la réalité de son nom. Nous connaissons l'issue du combat: aucun gagnant ni aucun perdant. Chaque protagoniste ressort abîmé. Jacob boite de la hanche et Dieu s'est exposé en bénissant.

«Qui es-tu Seigneur et qui suis-je?» trahit l'enjeu de ma quête. Je sais que je peux tenter d'affronter le mystère de Dieu, le remettre en question, faire comme Job et lui demander des comptes. Je sais aussi que je pourrai rester avec mon cri vers lui comme une fêlure à l'âme. Même sans réponse, mon «Qui es-tu Seigneur?» trahit ce désir qui un jour m'a mis en quête de Sa présence. Ce n'est qu'une autre manière d'affirmer la beauté de mon parcours. «Qui es-tu?» prendra la voie des larmes ou de l'extase ou du simple mantra. Ce refrain accompagnera ma révolte ou mon vide spirituel, la persistance de mon péché ou le débordement de ma joie. Mais je peux le prononcer en Je et en Tu, sur le ton familier de l'intime. La plupart du temps, avec les années, ce refrain forgera mon silence et le couvrira comme un baume. Il parviendra à parler plus fort que mes blessures ou celles de l'Église et de la société, pour affirmer ma volonté d'avancer encore. J'imagine saint Pierre en train de le formuler quand Jésus lui demande de prendre parti face à sa personne ou de descendre du Thabor avec lui; quand Pierre le renie au Prétoire de Pilate ou lui confesse son attachement au petit matin au bord du lac. N'avons-nous pas une seule question, un seul refrain comme celui-ci qui nous fasse paraître devant Dieu en vérité et le convoque à comparaître dans son mystère?

Bienvenue ma sœur la mort!

Autre prière franciscaine au terme d'un long itinéraire. François célèbre sa mort. Il la voit venir comme une sœur et une amie. On le surprend même à demander à son corps pardon pour l'avoir si souvent malmené. Son cri de bienvenue surgit d'un lent travail de réconciliation avec lui-même, ses frères, la vie, la création et le divin. Notre cri à nous, s'il en est un, montera de notre manière d'accueillir la maladie, la fragilité ou la vieillesse. L'idéal, pour citer Marguerite Yourcenar, serait d'entrer dans notre mort «les yeux ouverts», le cœur conscient et apprivoisé. Mes petites morts quotidiennes me préparent à la grande mort et en exorcisent les démons. Il me restera encore à me démener avec des peurs légitimes en fin de voyage: la peur de souffrir, de perdre mon autonomie, de passer le Yabbok seul et d'avoir les yeux fermés, insouciants. Aborder mes peurs de face est un combat de plus qui me préparera à célébrer ce qui deviendra mon vrai baptême, ma seule profession de foi, mon unique chant d'amour à Dieu. Au bout de l'itinéraire spirituel, il y a l'ultime remise de soi pacifiée et sans réserve. On vit comme on croit et comme on aime. On croit et on aime comme on a vécu. On meurt aussi comme on a vécu. Et si mon itinéraire entier s'achève dans l'action de grâce, je sais que j'ai fini mon étrangeté ici bas, que l'unique pays droit devant est celui qui me verra basculer dans l'amour infini du Dieu qui m'a légué en héritage l'itinérance intérieure.

Au Moyen Âge, on aimait parler de la *reddition de soi* à Dieu. Mon parcours aboutit donc dans cette remise libre et lumineuse de moi, dans la reddition de mon passage en lui, en l'espace d'un souffle ténu rivé au Sien. Son souffle est à l'origine de mon itinérance. On ne rend que ce à quoi le Christ nous a introduits de son vivant: «Répandez vos cœurs devant lui, exhorte le pauvre d'Assise. Devenez humbles, vous aussi, pour être exaltés par lui. Ne retenez donc pour vous rien de vous, afin que vous receviez tout entiers celui qui se donne à vous tout entier.» Avec mon dernier soupir, le «Tu me manques» du départ deviendra peut-être «Te voilà! Toi ma Terre d'appartenance. Et me voici. Je viens t'habiter pour toujours!»

Pierre Brunette

Jean-Claude Petit
théologien
UDM

Passer à ce qui demeure

Lu 07/11/15

Plus nous sommes mobiles,
plus nous sommes loin de l'éternité.

Saint Augustin

Je ne suis pas un itinérant spirituel. Je ne souhaite pas le devenir. Je sais, le mot est évocateur, je sais aussi combien le domaine du spirituel et du religieux, celui aussi de ce que nous appelons le divin, ont besoin d'images riches et puissantes pour nous rendre un tant soit peu visible ce qu'ils mettent en jeu. Mais je sais aussi qu'en ces domaines, la venue à la présence de ce qui s'y joue dépend largement de ce que le langage qui s'estime capable de le dire ne soit pas simplement parlé mais aussi, en quelque manière, vécu. Ici, peut-être plus qu'ailleurs, nos mots sont sans cesse menacés de perdre leur lien à ce qu'ils prétendent dire et de se mettre à voler tout seuls, comme autant de fragiles nacelles dont on aurait coupé les amarres et qu'on aurait délestées du moindre poids qui aurait permis de naviguer.

J'imagine qu'il y a de véritables itinérants du spirituel, mais je serais étonné qu'ils trouvent alors

Fischland (Mecklenburg/Allemagne)

facilement les mots pour dire leur itinérance, qu'ils jouissent de la quiétude nécessaire pour les écrire bellement, qu'ils soient vraiment intéressés à les publier et qu'ils songent même à se présenter aux autres comme des «itinérants spirituels».

On ne choisit pas de devenir un itinérant. L'itinérance a peu à voir avec le pèlerinage, qui nous met en route sur le chemin, fût-il des plus périlleux, qui doit nous conduire au but de notre plus impérative aspiration. L'itinérance n'est pas de l'ordre de l'aventure qui nous conduit avec fébrilité sur des sentiers peu ou pas encore explorés. On ne choisit pas l'itinérance. Il y aurait quelque chose de déplacé à en célébrer la griserie ou la supposée liberté, voire la profonde incertitude. L'itinérance est d'un autre monde.

Dans notre usage de la langue, l'itinéraire évoque plus facilement la fébrilité du voyage, le tracé d'un parcours longuement étudié ou peut-être même laissé, au moins un peu, aux hasards des découvertes ou des humeurs. L'itinéraire se dit du chemin parcouru, ou à parcourir, d'ici à là, repéré sur la carte et effectivement vérifié «en chemin», ou souvent même, à l'inverse, d'abord «marché» puis reconstruit sur la carte dépliée.

L'expérience, quant à elle, qui se dissimule dans les évocations les plus secrètes du concept d'«itinérance» me paraît être d'un autre ordre. Elle aussi, certes, parle d'un chemin; elle aussi parle de quelqu'un qui se déplace, mais il s'agit d'un chemin qu'on n'a pas choisi, et sur un itinéraire qu'aucune carte n'a jamais indiqué et que l'itinérant lui-même ne pourra jamais reconstruire.

Est-il vraiment possible d'enclore dans l'itinérance tous les voyagements au large des anciennes contraintes et au vent de toutes les libertés, sans risquer de banaliser celui qui conduit vraiment «où nous ne voudrions pas aller» (Jn 21, 18), en ce lieu où il n'est peut-être même pas possible de dire où l'on est? Mais il n'y a peut-être pas d'autres mots pour dire comme il faut l'itinérance, lorsque celle-ci prend la forme de l'exil et que celui-ci se perd dans l'errance, cette itinérance de ceux que l'on appelle justement chez nous des itinérants.

Il est sans doute possible de transposer cette façon de dire dans l'ordre de l'expérience spirituelle. Mais il ne faudrait pas oublier qu'on n'est pas devenu un itinérant spirituel parce qu'on aurait décidé un bon matin de prendre un autre chemin, parce qu'un jour, larguant les amarres qui nous immobilisaient dans nos anciens catéchismes ou dans nos tranquilles certitudes, nous nous serions mis en route vers une nouvelle transcendance ou un autre absolu dont nous aurions entrevu les signes à l'orée d'une contrée non encore habitée.

S'il faut en croire le prophète Amos, qui n'avait pourtant pas l'air de préférer les routes bien fréquentées aux chemins tortueux, l'itinérance spirituelle est une expérience parfois terrible. Il semblerait même qu'alors ce soit la pire chose qui puisse nous arriver, une incommensurable errance sur des chemins qui n'en sont plus. C'est l'effroyable conséquence du retrait de Dieu. Je sais bien que de nombreux contemporains célèbrent comme une grande libération ce retrait qu'ils estiment évident. Dieu n'étant plus là, nous pourrions finalement nous étirer les bras, devenir enfin nous-mêmes. Amos semble avoir entrevu autre chose. S'il est persuadé que Dieu peut se retirer, il y a cependant une chose qui ne disparaîtrait pas avec lui: l'irrépressible besoin de le chercher. Mais alors on ne le trouvera pas. Et on ira, torturé par une faim terrible, «non pas une faim de pain ni une soif d'eau», mais «une faim d'entendre la parole de Yahvé». On ira titubant, «d'une mer à l'autre», «on errera du levant au couchant pour chercher la parole de Yahvé, mais on ne la trouvera pas» (Am 8, 11-12). C'est cela, l'itinérance spirituelle. Ce n'est pas de pouvoir enfin s'aventurer sur des chemins que le retrait de Dieu aurait libérés: c'est en éprouver le plus douloureux besoin et ne plus pouvoir l'assouvir. C'est tourner en rond, hébété, sans aucun point de repère, même pas une lointaine étoile à l'orient qui pourrait sembler indiquer une direction: c'est être sans orient, *désorienté*, condamné à poursuivre une marche qui n'a plus de sens, «errer dans toutes les directions». Ce doit être une chose terrible. Ce ne peut pas être un paradigme de la quête spirituelle, parce que cette errance a pour possible conséquence la dislocation de l'être humain.

Je ne suis pas un «itinérant spirituel». Je ne souhaite à personne de le devenir. Je serais déjà bien heureux si je pouvais me considérer comme un simple «chercheur de Dieu». J'aimerais beaucoup pouvoir dire de moi, comme Augustin, «voilà ce que je suis: quelqu'un qui cherche»: «*ecce ego qui hoc quæro*» (*De Trinitate*, X, 2). Si le mot n'était pas si difficile à manier, j'aurais traduit: «quelqu'un qui interroge». Car c'est bien aussi ce que « *quæro*» veut dire. Inconfortable, douloureuse posture. Lieu de toutes les maladresses et de presque tous les malentendus! Socrate, qui savait pourtant mieux que quiconque ce qu'interroger veut dire, en a fait lui-même la difficile expérience. Avait-il mal procédé? Avait-il mal posé sa question? Laissait-elle percer encore trop d'assurance? Toujours est-il qu'il n'a pu, un jour, s'empêcher de s'en plaindre, et d'une manière telle qu'on ne sait pas trop bien si elle exprime son impatience ou sa tristesse: «Tu me traites, cher Critias, comme si je prétendais savoir les choses sur lesquelles je t'interroge et qu'il dépendît de moi de m'accorder avec toi. Il n'en est rien. Je cherche. Ensemble nous examinons chaque problème qui se présente. Et, si je cherche, c'est que moi-même je ne sais pas.» (Platon, *Le Charmide*)

Je voudrais pouvoir dire de moi: «Voilà ce que je suis: quelqu'un qui cherche». Pas seulement à propos de ces choses nombreuses et si diverses qui tissent la trame de ma vie quotidienne, pas seulement non plus à propos de celles, nombreuses elles aussi, et bien souvent difficiles, de ma vie de professeur d'université que plusieurs se plaisent pourtant à appeler déjà «la recherche»; mais aussi, et peut-être surtout, à propos de ce que nous sommes accoutumés d'appeler «Dieu».

Mais il est très difficile de chercher vraiment, d'interroger vraiment. Pour que la *queste* ait un sens, il faut bien que ce que je cherche m'ait déjà fait signe en quelque façon, m'ait précédé d'une certaine manière, sans quoi comment saurais-je seulement ce que je cherche? À quoi pourrait bien prétendre une *queste* qui ne saurait pas déjà en quelque manière ce qui la met et la garde en mouvement? Mais si je possède déjà ce que je cherche, est-ce que je ne me trompe pas moi-même et les autres, en voulant me présenter comme «quelqu'un qui cherche»? Le cercle qui semble ainsi se dessiner pourrait bien nous emporter dans un inextricable mouvement de va-et-vient, si l'expérience d'une véritable interrogation ne traçait déjà elle-même une trajectoire beaucoup plus simple bien que beaucoup plus obscure. Il en va peut-être de la recherche de Dieu comme de l'expérience du langage: il faut avoir déjà habité le langage pour comprendre ce qui nous arrive quand nous cherchons nos mots. Pour se comprendre un jour comme un «chercheur de Dieu», il faut déjà s'être engagé sur le chemin de l'interrogation. Mais dépend-il seulement de nous que nous commencions un jour à questionner?

J'entends par là un véritable questionnement, non l'art de former des phrases avec un point d'interrogation à la fin, ni celui d'ouvrir par une série de questions la voie aux réponses que nous aurions déjà obtenues par ailleurs. Peut-être ai-je trop de réponses pour prétendre être véritablement «quelqu'un qui cherche». «Nous savons trop de choses, et nous croyons trop vite, notait Martin Heidegger, pour pouvoir nous sentir chez nous dans des interrogations qui procèdent d'une véritable expérience.» Je crois que la question de Dieu, pour être une vraie question, doit «procéder d'une véritable expérience» et qu'à propos de Dieu nous savons aussi trop de choses, beaucoup trop de choses, et croyons trop vite, beaucoup trop vite, pour «nous sentir chez nous» dans un tel questionnement. De telles interrogations, poursuivait Heidegger, «requièrent la capacité de s'étonner devant ce qui est simple et d'accepter cet étonnement comme notre lieu de résidence» («Aléthéia» dans *Essais et Conférences*, p. 313).

La condition d'une authentique «recherche», la condition d'un véritable questionnement, serait de pouvoir habiter l'étonnement comme notre demeure permanente, de «rester», comme on dit, dans «l'étonnement». «Qui es-tu?» J'aimerais pouvoir répondre: «je suis quelqu'un qui cherche». Et à celui qui me demanderait: «Où demeures-tu?», je voudrais lui répondre: «Ma demeure est l'étonnement.» Chacun d'entre nous se souvient sans doute d'avoir été un jour «étonné» et il doit bien y avoir encore deux ou trois choses qui nous étonnent et qui nourrissent ainsi chez nous une certaine inquiétude. Il s'agit cependant ici de plus que cela: l'étonnement d'où sourd l'interrogation doit être une posture permanente, notre «lieu de résidence»; et l'étonnement en question doit survenir «devant ce qui est simple», c'est-à-dire provenir de ce qui habituellement ne nous étonne point.

Si l'on en croit Eckermann, le vieux Goethe, qui savait voir tant de choses que ses contemporains ne percevaient pas, avait appris que «ce qui est simple est plus difficile à saisir qu'on ne croit» (*Conversations avec Eckermann*, Paris, 1988, p. 361). Bien avant lui, Augustin avait lui aussi souvent observé que «les choses elles-mêmes qui dans la nature sont connues de tout le monde [...] devraient frapper d'étonnement tous ceux qui les observent, si les hommes n'avaient coutume de n'admirer comme merveilleuses que les choses rares» (*De Civitate Dei*, XXI, 8, 3. Aussi dans son *De Trinitate*, III, 9, 17). Et j'oserais prétendre que «j'habite dans l'étonnement»?

Je me dis parfois qu'il n'y a probablement que les enfants qui sont chez eux dans ce lieu et ceux qui ont su apprendre de la vie à redevenir comme eux. Si l'étonnement «devant ce qui est simple» est quelque chose de si difficile, c'est peut-être parce qu'en sa présence, nous faisons l'expérience de notre vulnérabilité et que nous savons que nous sommes susceptibles d'y être interpellés par quelque chose qui ne vient pas de nous, par quelque chose que nous n'aurions pas nous-mêmes construit. L'étonnement vit de la même inquiétude que celle de la question. Il nous entraîne en un lieu où ce n'est pas nous qui avons l'initiative, un lieu où nous sommes sans cesse exposés au vent de ce qui précisément nous étonne.

L'étonnement est le lieu de l'irruption, dans le monde que nous nous sommes construit, de ce qui s'adresse à nous mais ne vient vraiment pas de nous. L'étonnement nomme ce geste si profondément humain, si simplement humain, de celui ou de celle qui tend l'oreille vers une voix inattendue, qui laisse ce qu'il était en train de faire, «se tient là et écoute» (Jn 3, 29). L'étonnement, c'est peut-être un autre mot pour dire l'expérience du commencement, mais d'un commencement qui ne serait jamais dépassé dans un «ensuite» ou dans un quelconque autre développement qui nous permettrait de dire de quoi au juste il serait le commencement. L'étonnement «devant ce qui est simple» est l'expérience d'un commencement qui est tout entier surgissement de ce qui jamais ne pourrait être saisi, compris, que dans ce surgissement même. Ce serait l'expérience de voir comme pour la première fois. Je ne pense pas qu'on puisse enseigner à «voir comme pour la première fois». Peut-être nous est-il seulement possible de l'apprendre, petit à petit, lorsque dans les méandres de la vie quotidienne s'effiloche la trame de nos certitudes savamment construites ou fidèlement reprises ou que s'épuise la fécondité de nos références familières; ou plus brutalement lorsque, venant d'on ne sait où, l'imprévu fait irruption par une faille ignorée de nos plus anciennes convictions.

La «recherche», certes, évoque habituellement l'idée d'un déplacement, d'une inquiétude, l'idée d'une certaine tension vers un en-avant toujours visé, espéré, mais peut-être jamais atteint, quelque chose comme un départ ou mieux sans doute, comme un être-déjà-en-route vers quelque inconnu qui nous fait signe. L'être-en-chemin est un symbole d'une grande richesse, mais peut-être aussi une posture dont le sens profond nous dépasse. N'est-il pas en effet question, selon Heidegger, d'une «recherche» qui ne trouverait à se déployer qu'en son «lieu de résidence»? Pour interroger «à partir d'une véritable expérience», il faudrait habiter «auprès de ce qui est simple», comme en notre chez-nous; il faudrait «demeurer dans l'étonnement». Le chemin de la recherche ne serait pas un sentier qui s'étire et dont les méandres nous attireraient en des lieux inconnus. Le chemin de la recherche ne serait pas non plus celui que nos pas incertains traceraient à mesure, et qu'une fois ouvert il serait possible de refaire à rebours et de tracer sur la carte des «chemins spirituels» de quelque atlas de la «spiritualité». Le chemin de la recherche, le mouvement de la *queste*, ne conduirait à aucun ailleurs, il s'étirerait dans un «demeurer».

Je ne sais pas si c'est là la seule chose requise. Je ne sais pas non plus s'il s'agit d'un lieu auquel il faudrait que j'accède. Par quel chemin? Y a-t-il seulement un chemin? Pourquoi ce lieu ne serait-il pas celui où je suis déjà toujours, chez moi, là où déjà je demeure? Est-ce que ce qui est exigé ne serait pas finalement que j'apprenne à habiter là où je demeure? Sais-je seulement ce que demeurer veut dire?

«*Ecce ego qui hoc quœro*», «voilà ce que je suis: quelqu'un qui cherche». Je n'ai sans doute pas encore suffisamment appris ce que «demeurer» veut dire pour prétendre être vraiment «quelqu'un qui cherche». Je me demande toutefois si ce ne serait pas là l'expérience que des hommes et des femmes ont faite en ce temps-là avec Jésus de Nazareth. Cette expérience paraît en tout cas les avoir conduits à reconnaître qu'en ce qui concerne la vie et ce qui nous porte, il n'y aurait pas de chemin qu'il faudrait apprendre à emprunter, car le chemin, «c'est lui» (Jn

14, 6). Et que c'est «en lui» qu'il nous faudrait «demeurer» (Jn 15). Mais quelle est donc cette expérience qui seule pourrait me permettre de dire à mon tour, et de comprendre, la même chose?

Je relis saint Augustin: «Ce Dieu que nous cherchons nous viendra en aide, je l'espère, pour que notre effort ne soit pas stérile et que nous comprenions comment l'écrivain sacré a pu dire dans le Psaume: "Que se réjouisse le cœur de ceux qui cherchent; cherchez Dieu et soyez forts; cherchez toujours sa face".» (Ps 104, 3-4) Il semble donc, puisqu'on le cherche toujours, qu'on ne le trouve jamais. Comment dès lors le cœur de ceux qui cherchent sera-t-il dans la joie et non pas plutôt dans la tristesse, s'ils ne peuvent trouver ce qu'ils cherchent? Car le psalmiste ne dit pas: «Que se réjouisse le cœur de ceux qui trouvent», mais bien «de ceux qui cherchent le Seigneur». Et pourtant, Dieu Notre-Seigneur peut être trouvé quand on le cherche, témoin la parole du prophète Isaïe: «Cherchez Dieu: invoquez-le pour le trouver bientôt; lorsqu'il se sera approché de vous, que l'impie abandonne ses voies et le méchant ses pensées.» (Is 55, 6-7) Si l'on peut trouver Dieu en le cherchant, pourquoi dire: «Cherchez toujours sa face»? Serait-ce que, une fois trouvé, il faille le chercher encore? C'est en effet ainsi qu'il nous faut rechercher les choses incompréhensibles; «qu'on ne croie pas avoir rien trouvé, quand on est parvenu à trouver combien est incompréhensible ce qu'on cherchait» (*De Trinitate*, XV, 2, 2).

Il est bien beau de vouloir chercher, mais à l'instar de ceux contre qui Paul voulait mettre en garde son ami Timothée, ne suis-je pas exposé à «être toujours en train d'apprendre et de ne jamais arriver à la connaissance de la vérité» (2 Tm 3, 7), ou, comme le traduit Augustin, à être «toujours en train d'aller et de venir et de ne jamais arriver au chemin»? C'était bien ainsi qu'Amos décrivait le plus grand péril auquel nous pourrions être exposés...

Les pas que nous ferons, personne jamais ne pourra les faire à notre place et c'est ainsi qu'il est juste de dire que chacun va son propre chemin. Mais pourquoi faudrait-il tenir à l'idée que personne d'autre ne l'aurait déjà emprunté? Pouvons-nous être si certains que nous continuerions d'avancer, de chercher, si rien mais vraiment rien ni personne ne nous faisait signe? J'aime penser qu'Augustin se débattait lui aussi avec ces questions lorsque, lisant l'évangile de Jean, il enjoignait son lecteur éventuel à «marcher toujours dans le Chemin jusqu'à ce que nous arrivions là où conduit le Chemin; ne restons nulle part immobiles sur le Chemin jusqu'à ce qu'il nous conduise là où nous demeurerons, et de cette manière nous y tendons par notre recherche, nous parvenons à quelque chose par nos découvertes, et en cherchant et en découvrant nous passons à ce qui demeure, jusqu'à ce qu'arrive la fin de la recherche là où la perfection ne laisse plus subsister de désir d'aller plus loin» (*In Johannis evangelium*, tr, LXIII, 4).

Passer à ce qui demeure... J'entends bien dans «passer» les pas qui laissent derrière eux les traces d'une *queste*. Mais comment apprendre en passant ce que demeurer veut dire? « *Ecce ego qui hoc quœro.* »

Jean-Claude Petit

Venir chez soi

Michel Richard
juge Tr Rivières

On met beaucoup de temps,
on fait beaucoup de pas pour apprendre
qu'on s'en venait chez soi .

Gilles Vigneault

L'itinérance spirituelle, c'est l'édification constante de son intériorité et la recherche quotidienne de l'essentiel et du vrai, c'est l'agir en fonction de ses convictions profondes qui font participer à l'absolu. Il n'est pas étonnant qu'au crépuscule de sa vie, on revienne chez soi, confronté à soi-même, à son être véritable, à sa conscience.

On peut fuir un lieu, se sortir d'une situation, ignorer les problèmes de son entourage et, à la limite, se mentir à soi-même. Pourtant, on ne peut se fuir. Le temps finit toujours par tout rattraper. Et c'est ainsi que chacun participe à l'éternité.

Pendant sa vie, l'être humain fait œuvre de créateur dans sa marche intérieure. Plus il est centré sur le monde et la vie, plus son intériorité grandit, pour peu qu'il se laisse interpeller par ce qu'il vit et ce qui l'entoure, et qu'il soit conscient. Il participe à la construction du monde, parfois inspiré, souvent interpellé, quelquefois guidé par des forces intérieures qu'une vie bien remplie ne cesse d'édifier et de modeler.

La vie spirituelle a ceci de particulier qu'elle est toujours en marche. La conscience n'a de cesse de se construire, de se modeler, de se renouveler, de vivre en étroite relation avec les événements, sinon elle devient blocage et fermeture, alors qu'elle doit être essentiellement ouverture et renaissance.

Chacun se façonne une spiritualité par osmose. Les valeurs qui lui sont transmises par son milieu de vie et par l'enseignement reçu le marquent perceptiblement. C'est la phase de l'incubation de la spiritualité, l'amorce d'une vie intérieure.

Et l'expérience de la vie se charge de contribuer à façonner les valeurs spirituelles qui doivent permettre l'éclosion de la vie sans compromission, en accord avec la conscience d'agir avec justesse, mieux encore avec justice.

Vivre l'expérience bienfaisante des valeurs spirituelles telles que l'espérance, l'entraide, l'écoute, le pardon, la justice, le don de soi, c'est vivre dans la dynamique de la vie et dans la stabilité de l'essentiel, voire de l'éternel.

Les valeurs spirituelles procurent la paix intérieure malgré les épreuves de la vie, les tendances égoïstes et les passions humaines parfois morbides; parfois même grâce à elles.

C'est par sa spiritualité que l'être humain est éternel. La spiritualité transcende l'espace et le temps, le dogmatisme et les religions, dont elle s'inspire largement toutefois. Elle n'est pas une formule ni une recette.

L'homme vogue dans la vie comme sur une mer. Il n'a sur la mer aucun pouvoir, sauf celui de la comprendre, de la connaître, de l'accueillir, de la soumettre jusqu'à un certain point. La spiritualité présente les balises tangibles, les points de référence, les phares qui indiquent le chemin à suivre pour évoluer consciemment et en toute liberté à la recherche du bonheur, de la paix intérieure et de l'abandon, qui, curieusement, est le seul moyen d'être en contrôle de sa vie. La spiritualité est le champ de culture et de croissance de l'apparente inutilité du service des autres et de la richesse de la pauvreté, notamment.

Le spirituel surgit dans les situations de justice et d'injustice, de partage et de conquête, de respect et d'oppression, d'abus et d'entraide, de paix et de guerre. Il force à choisir son camp; même le non-choix constitue un choix. Le silence a aussi ses conséquences.

Ainsi, c'est à chaque jour que notre vie intérieure, notre spiritualité, s'exprime et grandit par les choix de nos recueillements. Il faut revoir constamment notre trajectoire. La vie n'est pas une route rectiligne. La spiritualité se moule au rythme de la vie.

Le quotidien tisse nos valeurs, lesquelles constituent des boussoles qui nous permettent d'approfondir l'expérience du dépouillement de soi et de l'éternité.

La spiritualité nous permet d'être attentifs aux autres, de pousser plus loin l'aventure humaine, de prendre le large, d'affronter les épreuves et les tempêtes, de reprendre le chemin du rivage, puis de repartir encore plus forts, convaincus de l'essentiel, conscients de notre liberté et imprégnés de l'assurance tranquille et paisible que procure l'attachement aux valeurs spirituelles.

Voilà le sens de la résurrection et du «lève-toi et marche».

Michel Richard

Pascalie ou le chant du silence[1]

Julie Lasnier
Moniale dominicaine
Berthierville

Évellie était, au dedans d'elle-même,
une enfant – et elle traversait la vie,
s'interrogeant sur tout ce qu'elle voyait.
Des questions revenaient sans cesse
du plus lointain d'elle-même:

D'où viennent les êtres?
Où vont les êtres et les choses?
Quelle est ma Source et le chemin
vers elle?

Un jour, Évellie entendit parler d'une vieille dame
nommée Yaël
qu'on disait imprégnée de solitude
et qui habitait le silence.
Évellie se rendit auprès d'elle, portant son cœur de
longue recherche.

[1] Dans ce récit, Yaël, dont le nom signifie «Dieu est Dieu» pour la tradition biblique, représente tout être, individu ou groupe, qui vit en transparence à Dieu et qui, de ce fait, peut reconnaître sa trace et la nommer dans les autres. Évellie, du nom d'Ève qui signifie «la vivante», représente l'humanité en nous, à la recherche de sa source ou de son accomplissement.

Yaël l'accueillit comme si elle l'attendait,
la fit asseoir,
écouta longuement le cœur et le regard de l'enfant
au-delà d'Évellie.
Après quoi, de toute la lenteur des ans,
elle se leva,
prit silencieusement le bras d'Évellie
et la conduisit vers le fleuve où elle demeurait.
D'un geste, Yaël indiqua un rocher
et invita Évellie à s'asseoir auprès d'elle.

Elles demeurèrent ainsi, côte à côte, jusqu'au soir,
rassasiant leur regard,
écoutant la force et la douceur des eaux.

Dans le rutilement du couchant,
Yaël rompit le silence:

«La rivière, Évellie, porte en elle
le mouvement qui la conduit jusqu'à la mer.
L'eau court vers l'eau.
Et quelle que soit la rivière,
d'où qu'elle vienne, toujours
elle court vers la mer.

La rivière
serait-elle rivière
s'il n'y avait le lit de la rivière?
Sans le creusement du lit,
il n'y aurait que l'eau à grande étendue de terre.
Il n'y aurait pas la rivière qui saute et qui court,
il n'y aurait pas la course vers l'Océan.

Où que tu sois, Évellie,
entre dans la nudité de ton cœur,
là où il se creuse de pauvreté,
de souffrance, de solitude,
mais aussi de joie, de communion et d'abandon.
Entres-y nue
comme on plonge dans une rivière,

en laissant derrière soi tout ce qui alourdit.
Ce sera le lit de ta rivière
et les eaux y reposeront.
Et les eaux à leur tour
creuseront le lit
comme l'abîme appelle l'abîme[2].
Elles te feront devenir chemin.
Car l'eau porte en elle son Origine
et toujours retrouve le chemin vers l'Océan.
L'Eau te mène où tu ne sais.
Tant que l'Eau murmure
et coule au-dedans,
plonge, nue et légère.
L'Eau te portera là où elle sait.
Car toujours
elle court vers l'Océan.»

Le soleil avait disparu à l'horizon des eaux
et la nuit recouvrait maintenant
les êtres et les choses.
Mais dans le cœur d'Évellie
dansait et brillait
le rutilement des eaux.

Pourtant la nuit recouvrait les êtres et les choses.
«Évellie, il te faut marcher à la rencontre de la Nuit,
descendre et la prendre en toi
jusqu'à la liberté du chant qui la transfigure!
La lumière des eaux
au-dedans te conduit au cœur de la Nuit.»

Évellie marchait sur le chant des eaux dans la nuit.
Comment prendre en soi la Nuit et le Chant?

[2] Ps 41, 8.

Évellie marchait de jour, de nuit,
sans voir désormais où était le jour, où était la nuit...
Comment prendre en soi la Nuit comme une
Lumière de Jour?

Et le chant au-dedans devenait silence.
Comme un chant dont on ne sait
s'il est chant ou silence.
Évellie devenait la Nuit de ce silence.
Le jour et les gens ne venaient jusqu'à son cœur
qu'à travers la Nuit de ce silence.
Et chacun devenait son regard.
Évellie comprit
à travers leurs yeux
le cri au cœur de chaque être.
Elle n'entendait plus que ce cri
qui déchire et qui broie.
Et *elle était là*[3],
portant en elle ce cri.

La Nuit le portait avec elle
comme une douceur vivante qui accompagne
jusqu'au point où le cri est silence.
Et tout silence, un cri inaudible.
Toute douleur y est enfouie,
macérée de temps et de jours.
Combien de nuit,
combien de jour au Chant pour ressurgir!
Évellie ne savait plus.
Elle ne savait plus ni le jour ni la nuit
ni le temps ni sa longueur
ni l'amour ou la mort ni la Vie.
Elle ne savait que le regard qui continue
de veiller au cœur des jours et des gens.

---

[3] Voir Jn 19, 25.

Elle revint auprès de Yaël
comme on retourne à une rivière de naissance.

Le vol des oiseaux chantait
dans l'âme d'Évellie et l'oreille de son cœur
comme un gémissement le contenait.
Toute la douleur terrestre
à bout de bras portait ce vol
comme une *transfigure* — et la douleur
est une naissance.

Yaël comprit qu'Évellie appartenait
désormais au cœur de tous les êtres.
Elle entendait le souffle d'Évellie
marqué de Silence,
prégnant d'Origine...
comme un vol d'oiseau planant sur les eaux[4]:

> «Ton nom désormais est Pascalie!
>
> Dans ton souffle
> j'ai enfoui ma Vie!
> *Je suis*[5] *dans ta bouche et dans ton cœur*[6]
> surgissement
> enfoui dans ta blessure.
>
> Tes mains désormais sont des cheveux qui
> dansent, recouvrent et se posent
> sans rien retenir.
>
> Tes pas s'enracinent au cœur de la terre
> et les racines se rejoignent sous les océans.
>
> L'hiver de tes branches
> aspire les sucs de la terre
> jusqu'à la Lumière des fleurs,
> des feuilles et des fruits.

---

[4] Gn 1, 2.
[5] Ex 3, 14; Jn 8, 28.
[6] Dt 30, 14.

Tes bras sont
un chant où les oiseaux volent
et se reposent.

Je suis le Vivant[7]
de Lumière, de Sève et de Souffle
C'est moi qui te donne ton fruit[8]!»

Et chaque jour
de lune à soleil
et de soleil à lune
Yaël et Pascalie
murmuraient la terre et le vent
l'espace et tous les êtres

de larmes
de joie
et de blessure

comme un bercement de naissance
toujours recommençant la Vie!

«Ô Toi
Origine de l'Univers
au cœur de tout être
Source et Souffle de notre Vie!

Prononce en nous ton Nom indicible,
Respire en nous ton Souffle,
Désire en nous ta Vie!

Donne-nous aujourd'hui
de nourrir notre vie à la tienne,
Grave au creux de ta main notre blessure

---

[7] Ap 1, 18.
[8] Os 14, 9.

et nos mains s'ouvriront à celle des autres.
Lave-nous de nos choix de mort.
Éveille en nous ta Joie[9]!

Car tu es Amour et Compassion
Vie de notre vie
Naissance maintenant
et pour l'Éternité!»

Julie Lasnier

---

[9] Voir Mt 6, 9-13.

Métamorphose

Tant de voix se sont crues autorisées
à t'indiquer le chemin!
Livres dévorés et sermons entendus
n'ont su qu'aviver ta faim.
Tu interroges les étoiles occupées
à leur danse joyeuse,
tu questionnes les arbres,
insensibles à ta douleur.
La réponse attendue,
elle repose au fond d'un puits, le tien!

Mieux vaut subir le «toucher salutaire»
que de parvenir à ton rêve de gloire.
Lorsque de la Sagesse[1] tu sens l'irrésistible emprise,
garde-toi de résister à la douceur de sa mainmise.

Quand tu es embrassé quelque part au-dedans,
quand tu te sens envahi avant ton consentement,
quand l'agitation fait place à l'enracinement,
cesse de chercher un «ailleurs» qui te ment.

Aucun spectacle ne pouvait réveiller
ta substance endormie,
aucun volume t'offrir cette leçon
dont tu étais déjà instruit,

---

[1] «[La Sagesse] prévient ceux qui la désirent en se faisant connaître la première.» (Sg 6, 13)

aucun discours décrire la splendeur
de l'enfant promis.

Ton agir doit céder sous la poussée du mystère,
ta connaissance, s'incliner dans l'adoration.
Ton cœur est seul à ne pas se trahir.
Obéir à ses caprices est signe de maturité.

Ne gère pas ton itinéraire
à la manière d'une entreprise.
Tends les voiles.
Les corrections de trajectoire
appartiennent au passé.
Interdis-toi les épuisants parcours
et les folles randonnées.
Délaisse les labours et les moissons dorées.
Comble les repus en leur abandonnant tes greniers.

Épuisant labeur que d'engranger sans fin:
c'est de l'intérieur que surgit ton matin.
Impose une trêve à l'impétueuse quête:
de lui-même, le printemps s'amène en tes confins.

Assiste à ta croissance, épouse son rythme.
Le temps n'est plus aux idées lumineuses[2].
La paix a préséance sur toute activité.
La communion a priorité sur tous les travaux.
Le calme est le plus gratifiant des loisirs.

Admire la Sagesse et tu seras par elle consacré:
il lui suffit d'exister pour que soit
ennoblie ta bassesse[3].
Ne t'impose pas la tâche de lui ressembler.
Aussi longtemps que tu as souci de ta noblesse,
tu n'es plus tout entier au bonheur de la contempler.

---

[2] «L'intelligence des intelligents je la rejetterai.» (1 Co 1, 19)

[3] «Avec la Sagesse me sont venus tous les biens.» (Sg 7, 11)

Dispense-toi aussi de corriger
le désordre partout semé:
elle a de quoi résorber en elle horreurs et calamités.

Plonge-toi dans sa mouvance, laisse-toi immerger.
Puise à son abondance, sois rassasié!
C'est dans cet acte que tu reçois ton héritage.
C'est dans ce geste que tu prends le monde en
charge.

Yves Girard

Fischland (Mecklenburg/Allemagne)

2

Récits

Patiences du temps

Méandres de la vie
Qui s'infiltrent
Au creux de nos itinérances
Comme en un lieu de coexistence
Entre la Vie et nous

Chronologie à l'infini
Où l'histoire se moque du temps
Et emprunte des virages
Qui laissent des traces
Sur nos visages

La vie nous fait signe
Et on multiplie les audaces
Mais le temps n'a de temps
Que pour l'amour...

Celui qui dit
Celui qui prend
Celui qui rend
Celui qui blesse
Celui qui libère
Celui qui n'est toujours
Que l'envers de l'amour

Errances
Aveux
Passages qui ouvrent des possibles

Et l'espérance
Que le temps recèle

Temps de vérité
Temps de nudité
Temps de renaissance
Temps des patiences

Commencements
Et recommencements
Comme autant de rituels
Temporisant la vie
Et de feux l'explosant

Battement des âges
Qui annonce d'autres partances
Vers d'autres ailleurs à apprivoiser
Nous ne sommes jamais arrivés

Denise Bilodeau

Invisible poème

Respirer, ô invisible poème!

C'est par ce vers que s'ouvre la seconde partie des *Sonnets à Orphée* de R.M. Rilke. Respirer: ce serait composer un poème hors matière, même celle, si subtile pourtant, du langage. Ce serait entrer dans un dialogue – à l'extrême lisière du silence et à l'orée de la plus pure lumière – avec l'âme du monde.

À l'origine, le mot «spirituel», dérivé du latin *spiritualis*, signifiait «propre à la respiration». Mais ce mot a parcouru du chemin. Après avoir longtemps séjourné dans le domaine de la religion et de la théologie, il s'est aventuré du côté de la philosophie et à présent, il semble avoir pris le large et voguer par-delà toute frontière, sans boussole ni maître à bord parfois, sinon un «moi» dissous dans un vague rêve cosmique. La spiritualité, à force d'étendre ses territoires, en arrive à ressembler à un vaisseau-fantôme errant dans les brumes, voire à un radeau où s'entassent les naufragés des grandes religions traditionnelles.

Il y a en effet beaucoup de naufragés, de déçus des religions qui vont chercher ailleurs un «courant d'air» qui manque dans l'enclos des dogmes, ou du moins qu'ils ne sentent plus passer, même dans les grands textes fondateurs. Les religions, à commencer par le christianisme, ne seraient plus «propres à la respiration», celle de la pensée, du cœur, de l'âme.

R.M. Rilke, l'un des plus grands poètes du dernier siècle, s'était progressivement affranchi du christianisme. Dans une lettre écrite moins d'un an avant sa mort, il déclarait s'éloigner «toujours plus passionnément» de celui-ci. Sa quête spirituelle, qui fut intense et qui a produit une œuvre admirable, s'est donc poursuivie hors des murs des Églises.

Il ne s'agit pas ici de chercher les causes de cet éloignement, de ce profond désenchantement à l'égard du christianisme, mais de constater qu'il est en effet possible de vivre une authentique expérience spirituelle en «franc-tireur». Et, parmi bien d'autres exemples qu'il y aurait à citer, on peut mentionner celui d'Etty Hillesum, cette jeune femme juive morte à Auschwitz en 1943, qui a laissé un témoignage spirituel d'une force et d'une cohérence extraordinaires. Elle fut d'ailleurs une lectrice attentive et fervente de Rilke, qu'elle estimait comme «l'un de ses grands maîtres» et auquel elle fait très souvent référence dans son Journal, en soulignant combien le don de lumière et de beauté offert par des artistes de sa trempe s'avère fécond, salvateur même, pour leurs contemporains et, bien au-delà encore, pour les générations suivantes, surtout celles que le destin précipite en «des temps plus troublés, plus dévorants», comme ce fut le cas lors de la Shoah.

«Il y a de nombreuses demeures dans la maison du Père»; les artistes, même ceux qui se veulent «passionnément» en rupture avec les Églises, s'ils sont dotés d'une sensibilité spirituelle aiguë, d'une réelle inspiration et d'une rigueur tenace dans leur création, ont pleinement droit de cité dans l'immense maison du Père. Ils y vivent en nomades, là où d'autres y résident en se choisissant un encadrement précis. La «maison du Père» est aussi vaste qu'hospitalière, elle est ouverte à l'humanité entière.

Mais si l'expérience spirituelle de certains francs-tireurs magnifiquement inspirés mérite une très haute considération et donne abondamment à méditer, celle qui s'exerce, tout aussi passionnément, à l'intérieur de telle ou telle religion traditionnelle vaut une égale considération. Les nomades et les sédentaires, les indépendants et les affiliés, loin de s'exclure les uns les autres, sont en correspondance, en écho. Tous cohabitent dans la «maison du Père». D'ailleurs, les sédentaires le sont-ils autant qu'on le dit? Eux aussi savent se mouvoir; on peut fort bien bivouaquer à l'intérieur d'une tradition, il suffit d'appréhender les doctrines qu'elle a élaborées, non comme un ensemble compact de piquets et de barreaux, mais comme un cortège de stèles plantées entre terre et ciel, un archipel de balises flottant dans la houle du temps, un essaim de feux allumés dans la nuit. Des signes et des signaux, donc, légués par les quêteurs de sens et les guetteurs de lumière qui nous ont précédés afin de nous mettre en garde contre les ornières qui longent le chemin, contre les mirages qui pullulent dès que la fatigue nous pèse trop. La route est longue en effet; semée d'obstacles, elle ne prend fin qu'à l'heure de notre mort. Etty Hillesum, si elle comptait Rilke, l'admirable chantre d'Orphée et de l'Invisible, parmi ses maîtres, accueillait pareillement les prophètes et les évangélistes, saint Augustin, Michel-Ange, Tolstoï et Dostoïevski.

Respirer, ô invisible poème!

Mais de quel poème s'agit-il, au juste? Est-ce le fait de respirer qui compose un poème invisible, ou bien celui-ci préexiste-t-il et convient-il alors de le lire en respirant? Une écriture-expiration ou une lecture-inspiration? Les deux mouvements sont requis, car solidaires. L'expiration et l'inspiration alternent et s'équilibrent en permanence dans l'acte de respirer.

Respirer, ô invisible poème!
Échange pur et qui jamais ne cesse
entre notre être propre
et les espaces du monde.
Contrepoids dans lequel rythmiquement
je me conquiers.

Ces vers, Pierre Teilhard de Chardin aurait pu y souscrire sans réserve, lui qui a tant célébré le Monde et l'assomption de son mystère tout en lenteur et en discrétion. «Notre être spirituel s'alimente continuellement aux énergies innombrables du Monde tangible», a-t-il écrit dans *Le Milieu Divin*. Notre être est de toutes parts ramifié à l'univers, constitué, nourri, irrigué par lui, charnellement autant que spirituellement. Nous respirons le monde, et par là même nous collaborons à son Souffle. Collaboration qui s'accroît à mesure que nous prenons conscience de l'immensité «du réseau des influences cosmiques» nous entourant, que nous nous appliquons à «en rassembler industrieusement les éléments partout disséminés» et que nous œuvrons patiemment à élaborer un double *opus*, personnel et cosmique. Car, ainsi que le note Teilhard de Chardin, «l'homme se fait son âme tout le long de ses jours terrestres, et en même temps il collabore à une autre œuvre, à un autre *opus*, qui déborde infiniment, tout en les commandant étroitement, les perspectives de sa réussite individuelle: l'achèvement du monde». De ce monde qui est toujours dans les gémissements de l'enfantement, perpétuellement en genèse, comme l'a rappelé saint Paul.

Rilke a traduit ce travail de collaboration spirituelle en ses termes de poète: «Nous sommes les abeilles de l'Invisible. Nous butinons éperdument le miel du visible, pour l'accumuler dans la grande ruche d'or de l'Invisible.»

Mais, là où le poète s'est écarté du christianisme qui entravait son vol d'«abeille de l'Invisible», Teilhard, lui, est resté fidèle à cette religion et a accompli son double *opus* au sein de son Église, malgré l'incompréhension et l'attitude très dure que celle-ci a eues à son égard. Toujours il a su respirer l'ineffable poème du Monde à travers sa lecture, intensément méditée et vécue, de la Bible. «Pareil à ces matières translucides qu'un rayon enfermé peut illuminer en bloc, le Monde apparaît, pour le mystique chrétien, baigné d'une lumière interne qui en intensifie le relief, la structure et les profondeurs. [...] Le grand mystère du Christianisme, ce n'est pas exactement l'Apparition mais la Transparence de Dieu dans l'Univers», précise-t-il. Et cette Transparence passe par un corps – un corps qui à la fois concentre la lumière irradiant secrètement le monde, la porte à l'incandescence, la rend visible/lisible, et la réverbère: le corps du Christ, grâce auquel se produit ce que Teilhard nomme une «merveilleuse Diaphanie».

Quand Jésus a annoncé à ses disciples qu'il allait provisoirement les quitter pour leur «préparer une place» dans la maison du Père si prodigue en demeures, et qu'il leur a dit: «Et du lieu où je vais, vous savez le chemin», l'apôtre Thomas, désemparé, a demandé: «Seigneur, nous ne savons pas où tu vas. Comment saurions-nous le chemin?» Et Jésus a répondu: «Je suis le Chemin, la Vérité, la Vie.» (Jn 14, 1-6)

Beaucoup s'en tiennent à l'incertitude de Thomas; ils ne savent pas quelle direction prendre, ou refusent de reconnaître en Jésus le Chemin. Alors ils vont chercher ailleurs, quitte à se fourvoyer.

À certains qui s'en vont, solitaires, par des sentiers buissonniers, tels Rilke et Etty Hillesum, il est donné de déployer une lumineuse expérience spirituelle et d'accéder à la vision d'une «Diaphanie» divine. L'Esprit souffle où il veut, et comme il veut. Ceux qui savent respirer l'invisible poème du Monde et s'en émerveiller tout en gardant leur discernement, leur lucidité et une haute exigence dans leur effort de traduire leur expérience spirituelle, ne peuvent qu'être traversés, vivifiés par l'Esprit. Et ils finissent par rejoindre, dans leurs intuitions inspirées, ceux qui cheminent pourtant par d'autres voies qu'ils avaient rejetées, ou simplement méconnues. Ils les rejoignent au loin, par-delà l'horizon devant lequel notre regard a si souvent tendance à s'embuer, et notre esprit à trancher, par besoin de logique et de rationalité. Mais l'Esprit se joue des paradoxes et des contradictions, il est le maître du tiers-inclus, et il fait se rejoindre les parallèles dans l'infini.

L'Esprit jouit d'une liberté et d'une inventivité telles que nous ne pouvons pas les mesurer, juste en soupçonner la splendide folie. Teilhard de Chardin, fermement engagé sur le Chemin révélé par Jésus Christ, a pressenti cette formidable puissance cachée de l'Esprit à l'œuvre dans l'humanité, par-dessous les innombrables différences. «En puissance et en droit, que nous le voulions ou non, vous êtes incarné dans le Monde, et nous vivons suspendus à vous. Mais, en fait, il s'en faut (et de combien!) que pour nous tous vous soyez également proche. Portés, tous ensemble, au sein d'un même Monde, nous formons néanmoins chacun notre petit Univers en qui l'Incarnation s'opère indépendamment, avec une intensité et des nuances incommunicables.»

Est donc «spirituel» ce qui est apte à la respiration, mais à la respiration envisagée comme un acte créateur capable de forger un *opus* à deux niveaux: l'un personnel (où le moi n'a pas à s'anéantir dans quelque fumeux enthousiasme mais à se hisser, par grâce, jusqu'à l'oubli et au don de soi), l'autre universel (où le très minuscule moi doué de conscience et de souci pour le Monde participe au processus de mûrissement de celui-ci, d'éclosion et d'expansion de l'Invisible dans la chair du visible). Est spirituel ce qui, d'un même mouvement, nous délivre du mal en nous éclairant et en nous apaisant par et en Dieu (que certains préfèrent nommer «le divin»), et nous aide à «aider Dieu», selon l'étonnante expression d'Etty Hillesum. «C'est à nous de t'aider et de défendre jusqu'au bout la demeure qui t'abrite en nous», écrivait-elle au cœur du désastre de son temps.

S'il y a de multiples demeures dans la maison du Père, il y a, comme en un miroir, de multiples abris pour Dieu dans le cœur des humains.

Sylvie Germain

Traces d'itinérance

Pour prendre le contre-pied de Samuel Beckett, il me semble que j'arrive *maintenant* à supporter d'être un homme. J'accepte les dévorations multiples qui s'en prennent à ma vie et l'entament. Non pas que je me trouve plus aimable, mais je me sens soutenu par une fidélité qui me dépasse. Je me sens l'âme vraiment tenue, dans la main de Dieu. Fidélité si fortement exprimée par le Psalmiste. Un peu comme si je marchais le long de la mer et qu'un soleil lointain se levait à la lisière du monde pour m'accompagner. C'est peut-être cela le commencement de la véritable *sagesse*. Me tourner du côté de la Parole qui m'interpelle, celle du Christ dont saint Paul disait qu'il était la «Sagesse de Dieu». Rester en marche. Même et surtout lorsque j'avance sur de longues plages et qu'il me semble que je déambule comme un aveugle, ou bien que je ne parviens plus à entendre la lumière de Celui qui m'a réveillé un jour. Comme s'il y avait soudain en moi un déversement brutal de nuit et de silence, et que personne ne me parlait plus...

Puis, quelquefois, certains bruissements reviennent à la «pointe de l'âme». Des murmures de paix profonde ouvrant un grand espace de quiétude, mais combien fragile, combien éphémère! Une sorte d'appel profond à œuvrer au partage. Mais seul l'infini se laisse partager. C'est pour cela qu'il y a quelques images d'infini dans notre univers comme la mer, le ciel bleu ou les massifs en lumière. Elles nous apprennent à partager, à nous laisser partager. Je me sens alors de nouveau ancré dans la Présence qui me porte, qui m'enjoint de ne rien craindre malgré la proximité de ma fin. Puis, de nouveau, l'exploration reprend avec ses chutes dans le bourbier, avec ses fermetures, avec ses déchirements d'angoisse qui me travaillent sans ménagement, sans consolation. Je redeviens un être qu'on ravage. Ce qu'on appelle communément un *homme*. Nous sommes au cœur de l'expérience de la foi: écartelés entre l'espoir d'être plus léger, de donner la main aux anges pour faire un bout de chemin, et la fermeture sur soi, sur sa douleur, sur son doute, sur son piétinement dévastateur.

I

Il m'a fallu beaucoup de temps pour revenir vers Celui qui me guide. Près de quarante années. Je m'étais éloigné, sans doute par insatisfaction, atteint par quelque forme d'épuisement affectif. Par l'inquiétude surtout de cheminer dans ce qu'on appelait la *vérité*. Je craignais de m'en tenir trop facilement à la profusion des réponses, sur une voie toute tracée. Pensons seulement à ces dictionnaires qui contenaient les preuves irréfutables de la Religion, à cette tâche d'allure conquérante de l'apologétique. J'étais comme pris au piège d'un confort qui me troublait. Il me semblait que je ne pourrais jamais écrire, avoir une vie intellectuelle, si au départ j'avais toutes les explications de mon Église et de ses théologiens, de ceux qui «savent» et qui construisent de formidables synthèses de la foi; mais constructions et éclaircissements, néanmoins, qui peuvent parfois édifier un mur plutôt que d'ouvrir l'horizon.

Alors je me suis mis à errer dans ma vie comme si j'avais oublié la solidité, la clarté d'une longue tradition. Je croyais que j'avais tout repoussé, tout mis en marge. Je me rendais lisse pour que tout ce qui était acquis parvienne à glisser sur mon esprit, à me laisser un peu mieux respirer, mieux approcher de l'abîme, tomber dans le vide s'il le fallait pour que la vie me retînt malgré tout par l'esprit. Malgré cela, je regardais d'une façon un peu obsessionnelle, avec tout mon être, le tragique qui m'environnait, les désastres qui surgissaient dans l'histoire que je vivais, au cœur de mon époque, sans négliger la détresse, la démesure des postures intérieures, des déséquilibres qui m'avaient été révélés dans les grandes œuvres de Dostoïevski.

C'était sans doute cela que d'essayer de découvrir le vrai du réel en voie d'accomplissement. Me quitter d'une certaine façon, c'est-à-dire sortir de l'être qui s'était peut-être immobilisé. Trouver ma véritable identité. Me construire, me refaire l'être. Comme on écrit un poème... Car *trouver* un poème, c'est précisément ne pas savoir *quoi* écrire, mais se nourrir de mots qui combattent la pesanteur, qui nous adaptent à l'immensité du bleu, à l'aile de l'oiseau, à la montée de l'arbre; c'est chanter, ouvrir le langage à la lumière, découvrir un monde, ouvrir le sens. J'ai appris ainsi à cheminer dans l'errance de livre en livre. Comme j'ai appris à vivre peu à peu de la façon que j'écrivais. Et Mozart m'équilibrait, se reliait à moi parfois avec quelques phrases intenses et cristallines dans une lumière qui, mystérieusement, ne me quittait jamais. Lumière, en ce passé, encore peuplée de quelques figures agissantes comme celle de François d'Assise. Et, tout au fond de l'enfance, depuis l'enfance, s'imposait d'abord celle du Christ à cause de sa radiation très forte.

Thérèse de Lisieux, en effet, ne viendra que beaucoup plus tard, quand je serai acculé aux limites de ma vie. Après les deuils, plusieurs livres et quelques petits-enfants. Je pense aujourd'hui, d'ailleurs, que sans mon éloignement des *réponses*, pendant tant d'années, je n'aurais jamais écrit mon livre sur Thérèse, avec Thérèse. Je n'aurais jamais été assez affamé de spirituel pour entreprendre mon parcours. Je me serais peut-être davantage enlisé, *médiocrisé*. J'aurais peut-être continué ma pratique religieuse comme un somnambule qui traverse les «messes» du dimanche, communie, mais en revient trop souvent plus exsangue par manque de présence réelle, d'attention pour lui-même, de contact vrai, plus ou moins appesanti par sa vie, par ses obsessions, par ses craintes, en somme, *décroché du sens*.

Comme je l'ai suggéré, j'avais approché, en fréquentant Dostoïevski, un certain apprentissage des profondeurs. J'avais mis à jour en moi un sens devenu pratiquement inné de la gravité et de la démesure. Le Russe m'avait préparé, dans les années qui approchaient ma vingtaine, à regarder la douceur montante de l'amour comme une flamme, et surtout à reconnaître les perturbations, les menaces, la laideur, la monstruosité du cœur des hommes. À débusquer en moi la bestialité plus prochaine que je ne l'aurais cru. Avec lui, je découvrais l'échelle de Jacob, le dur combat, et pressentais, par maturation de la conscience, l'épreuve de Job.

Enfin, après les secousses sans ménagement, exténuantes de Léon Bloy, je me suis laissé *humaniser* très fortement par Henry Miller. J'avais encore, à cette époque, l'esprit embourbé dans un moralisme janséniste. Or Miller opérait en moi avec un scalpel, dans un grand fracas d'images qui me mettaient à nu, dans un dévoilement de quelques aspects secrets de l'homme. Mais ne rêvait-il pas lui-même en pleurant d'un accord avec la vie, secoué par son besoin d'amour, comme il dénonçait la frilosité, les petites peurs qui ne cessent de suinter dans la vie humaine? En définitive, malgré les scandales qu'il provoquait, Miller s'était bien orienté vers l'ouverture et l'équilibre. Il agissait donc en moi, non sans quelquefois me dévaster. Or, à cette époque, j'avais besoin de me regarder, de m'accepter brutalement dans ma condition charnelle. J'aspirais à devenir un humain entier. C'est ainsi que naîtront les premiers poèmes de celui que j'appelais alors l'*ange de sang*.

C'était sans doute pour avoir pris ce risque de vivre, plus ou moins consciemment, que je pourrais enfin me mettre à écrire au lieu d'avoir la sensation d'*être écrit*. Puis, Alain Grandbois m'a salué comme poète, ce qui était une tape formidable sur l'épaule. Et surtout, Pierre Jean Jouve m'a *reconnu*, m'a ouvert la mesure du poétique, la lumière du chant. Il m'a donné les mots qui ont maintenu ma foi en l'écriture. Il est devenu mon maître. Par la suite, Edgard Varèse, dans un contact unique, m'a ouvert la dimension intérieure de celui qui croit en sa quête, et, d'une certaine façon, la fortifie, la rend possible. Durant les cinq années où j'ai travaillé avec lui, il m'a certainement aidé à devenir un homme. Je retiens enfin quelques lectures tout particulièrement marquantes: les œuvres de Kierkegaard, de Hölderlin, de Novalis, de Baudelaire, de Hermann Broch, et de quelques autres. Mais plus que des lectures, ce sont des accompagnements qui n'ont jamais cessé.

C'est au moment de ma rencontre avec Varèse que j'ai abandonné toute *pratique* religieuse. Et cela, pendant près de quarante années. Même si le compositeur, non croyant lui-même, n'y était, à l'évidence, absolument pour rien. Varèse avait tout de même le sens de l'art religieux. Et d'une certaine façon, les pierres roses de l'église romane Saint-Philibert de Tournus, avec ses voûtes, ses colonnes puissantes, si présentes en lui, étaient restées, depuis son enfance, l'une des assises de son art. Varèse m'a ouvert tout un monde avec les vitraux, avec les pierres que je découvrirai par la suite. Tout cela fait partie des dons que la vie m'a faits.

De la même manière, mon ami, le poète Robert Marteau, m'a entraîné dans plusieurs musées qui m'ont permis, devant les tableaux, de prendre la lumière avec les yeux, comme un peintre le fait, dans un espace restreint qui condense à sa façon, telle une épiphanie, la lumière même du monde et de l'homme, comme nous l'avions d'abord fait des paysages de France. Tout ce travail avec l'art m'a permis d'approfondir ma propre écriture, de me confronter poétiquement à la musique comme à la peinture. Ce qui n'est pas une mince difficulté. Mais cela, loin d'être étranger quoique d'une autre nature, me rapprochait discrètement de ce silence qui nous métamorphose, de la vie spirituelle qui se joue sur un tout autre plan et dont l'échelle de Jacob, la lutte avec l'ange ou avec Dieu restent les images les plus parlantes, les plus agissantes pour un mûrissement intérieur.

II

Il va de soi que certaines chutes, certains égarements m'ont blessé pour la vie. Je ne parvenais pas souvent à transmettre à mes proches les rayons de cet être en moi qui m'avait brûlé très jeune. On ne côtoie pas impunément le gouffre. On se met en péril, on commence à vivre dans ce qu'on appelle l'état d'adulte. Or, malgré tout, je priais. Je me nourrissais quelquefois d'ouvrages sur le Christ. Très jeune, j'y ai déjà fait allusion, j'avais eu un coup de foudre réel pour le Christ. Il est demeuré mon Compostelle. L'Étoile qui prend tout le champ de l'être. J'avais, en moi, un véritable amour pour lui. On aurait dit une petite lampe avec une flamme oscillante, menacée par le moindre courant d'air. C'était bien la plus grande valeur que mon enfance m'avait transmise à travers les miens. Un peu comme si le Christ m'avait occupé, je ne saurais dire dans quel abri, dans quel territoire de mon âme. C'est pourquoi, lorsqu'on s'en prend aujourd'hui aux chrétiens, dans certains pays, j'ai mal en pensant à la souffrance que le Christ a subie lors de son agonie, j'ai mal qu'au nom d'un Dieu inaccessible on s'en prenne à l'œuvre du Fils, qu'on méprise à ce point la liberté humaine comme la dimension infinie de la Miséricorde du Père. Décidément, et j'avoue que l'âge y est peut-être pour quelque chose, j'ai une horreur assez profonde de notre monde quand il se manifeste d'une façon si inhumaine au Rwanda, en Afghanistan, en Bosnie, en Indonésie, en Chine ou aux États-Unis. Cela fait peut-être partie du fardeau, de la pesanteur asphyxiante des jours et des expériences qui nous aident à nous détacher de notre propre vie et nous fait pencher peu à peu vers notre mort dans l'espoir d'entrer dans la seule Lumière.

L'«âme», ou du moins la représentation que je m'en fais, a une topographie, une «anatomie» mystérieuse. Le sémioticien Mino Bergamo a consacré un ouvrage aux anatomies de l'âme, aux planètes de l'espace intérieur telles qu'elles apparaissaient au XVIIe siècle, de François de Sales à Fénelon. Les mystiques eux-mêmes emploient diverses expressions pour cerner le lieu secret de l'abri, de l'intensité, de la rencontre, de la présence: *fond du cœur, fond de l'âme, pointe de l'âme*, etc. Ils savent bien qu'ils sont en paix dans le fond de l'être, même lorsqu'ils sont sur un tas de fumier, agités, lâches, exposés à la perte, à la chute, ou souffrants en d'autres lieux de l'âme. Ils savent par lent apprentissage, par épreuves successives, que l'*âme* est fort complexe.

On croirait que celle-ci a plusieurs strates qui se meuvent, se consolident à des vitesses différentes. Certaines se déplacent lentement comme des glaciers, en remodelant en profondeur tout le paysage, d'autres agissent par mutations soudaines, par éruptions volcaniques, d'autres enfin sont secouées par des ouragans, demeurent en état instable, non sans être mues par des attirances morbides vers la mort. D'une certaine façon, pour employer une image démesurée, chacun de nous est comme un astre en formation, avec des surrections de cimes, des tremblements, des déformations intérieures semblables à des glissements de plaques tectoniques. Et dans cet univers, il y a de puissantes et gigantesques étoiles, des étoiles naissantes ou des étoiles en implosion. Les *puissantes* sont les saints, les créateurs, les vrais enfants qui naissent, pourrait-on dire, avec toute l'attention de Dieu qui veille sur eux et les accompagne. Les *naissantes* représentent l'homme «moyen». Les *mourantes* symbolisent les destructeurs, les êtres éteints par leur haine, tous ceux en somme qui tuent l'amour et s'abandonnent à la dérive loin du Père, comme les porcs de l'Évangile se jettent dans la mer.

Or, me semble-t-il, j'aime de mieux en mieux, mais non sans impatience, les êtres humains tels qu'ils sont dans le champ d'attraction de Dieu. Conscients ou non. J'aime bien le mot du père Tillard selon lequel l'Église est un «*sacramentum* de la miséricorde de Dieu». Miséricorde, mot admirable qui appartient à Dieu, dont la racine est ancrée dans le cœur, dans la charité, et qu'on confond parfois, en sortant de notre tradition culturelle, avec le mot *compassion*, qui met davantage l'accent sur la *souffrance avec*, sur notre conscience humaine du malheur. Chaque membre de l'Église devrait être aussi un *signe* vivant de la Miséricorde. Je travaille lentement à m'en imprégner. Et, je dois bien l'avouer, sans réussites spectaculaires, diraient mes proches.

III

Mais qu'il faut du temps, en général, pour se rendre compte que Dieu est présent! *Toujours présent.* Qu'Il n'est pas du tout une idée reçue. Que le *Mystère* est son plus beau nom. Comme la *Miséricorde* l'est sur le plan de Sa relation avec nous, quand sur la croix elle a remplacé la Justice, dit admirablement la *Perle évangélique*. Et que notre vie est une suite de rendez-vous manqués avec Lui. Nous sommes si maladroits, si épuisés quand il s'agit de la constance de notre être. Nous manquons gravement de souffle dans l'offrande. Il nous faudrait observer plus souvent les êtres du monde qui savent suivre la lumière et la chaleur, les grands vols d'oies blanches qui montent vers le Nord, les arbres qui font leur trouée dans la forêt, les oiseaux qui se tiennent en vigile à la fin de la nuit traversée de chants. Nous manquons tellement d'attention, de permanence. C'est pourquoi les vraies rencontres avec Lui, quand elles ont lieu, sont si vives. Elles raniment le brasier qui s'intensifie. La vie prend le tournant de l'espérance. La vie s'éclaire enfin quelque peu. Ce qui ne rend toutefois pas plus facile la démarche, l'approfondissement, le maintien de la direction.

IV

C'est ainsi qu'un jour j'ai vu le film d'Alain Cavalier consacré à Thérèse de Lisieux. J'avais pris ma retraite. J'étais dans l'indécision, et même dans l'impasse sur le plan spirituel. Je n'avais pas réussi, avec mes carences, avec mon absence d'orientation vers Dieu, à avoir une *paternité spirituelle*, c'est-à-dire à conduire mes propres enfants à l'Évangile, à créer une véritable communauté dans la foi. C'était sans doute mon plus grave échec. Or, comme l'a dit Jankélevitch, on ne refait pas le *fait-d'avoir-fait*. J'entrais dans la dernière période de ma vie. Deux petits-enfants étaient nés. Et, sans trop comprendre comment cela s'est produit, j'ai alors décidé, les larmes aux yeux, d'écrire un ouvrage sur Thérèse. Ce que tout intellectuel, tout poète conscient, aurait immédiatement perçu comme une forme de suicide littéraire. Je n'y ai pas échappé. Mais cela ne m'a pas pour autant rebuté. J'ai décidé, en toute lucidité, de risquer ouvertement une forme de mort. D'avancer dorénavant au milieu des opinions étonnées, souriantes devant tant de candeur et de crédulité, ou face aux regards qui se détournent. Il ne me semblait pas qu'il y avait plus de grandeur à aborder Thérèse d'Avila ou Jean de la Croix. *Petite Thérèse avait su aimer*. Su aimer avec génie. Su l'exprimer avec limpidité. Avec une force bouleversante. Avec une clarté qui a quelque chose du génie français. Et c'est vers un pareil amour que je voulais m'orienter. Je n'ai jamais quitté Thérèse depuis. Je lui ai consacré trois ouvrages. D'une certaine façon, la naissance de mes petits-enfants m'avait certainement préparé à mieux pénétrer l'*esprit d'enfance* et la *petite voie* qui sont les éléments dominants de la doctrine de Thérèse. Je me suis donc rattaché à une Carmélite qui avait des racines profondes dans l'École française du XVIIe siècle, qui elle-même était tournée vers l'expérience mystique. Bérulle n'avait pas retrouvé en vain la notion de l'esprit d'enfance, la clé du Royaume, disait le Christ. Et ce ne sont pas alors des bribes de psychanalyse ou de psychologie qui m'auraient ouvert vraiment le chemin. Même si, sur un autre plan, elles pouvaient m'aider à mieux comprendre mes limites et mes souffrances, à voir l'ensemble dans une perspective quelque peu différente, plus détendue, moins cléricale, et surtout avec plus d'ouverture et de détente. Mais je n'ai jamais recherché, à travers Thérèse, d'autre modèle que le Christ. Elle m'a simplifié. Donné quelques onces d'humilité, j'allais écrire de lucidité, en m'approchant de Dieu.

V

Ce n'est que quelques mois après la parution de mon livre que j'ai eu la grâce d'être éveillé, d'accueillir le don qui m'était fait. Thérèse n'est certainement pas étrangère à l'intervention de l'Esprit Saint. Dans un poème écrit à l'âge de six ans, ma petite-fille Laurence avait tout annoncé. Mais je n'avais rien senti venir. Même si j'avais la velléité de renouer avec l'Église depuis plusieurs années, car il y avait en moi, à l'évidence, une secrète *pression* de Dieu. Je voulais avant tout revenir à la *Présence réelle* du Christ dans l'Eucharistie, support et objet de la foi, disait Gerard Manley Hopkins. La beauté du monde, telle que je la recherchais dans la poésie, dans la musique, dans la peinture, dans l'art roman et dans de multiples paysages comme Taormina, n'est pas en soi étrangère à la *densité* de la présence du Christ dans une église. Le monde est rempli de traces du

Thabor, dirais-je, de «nouvelles de Dieu», notait Hopkins qui s'y connaissait en beauté et en spiritualité, et qui croyait que le monde avait été créé pour chanter les louanges du Créateur, pour déceler Sa Gloire. Il faut aussi beaucoup d'oreille pour percevoir la beauté du silence tout au fond du chœur, l'invisibilité rayonnante de la Présence dans le tabernacle. Comme le disait le père Timothy Radcliffe, o.p., dans un Congrès des Abbés: «La gloire de Dieu se manifeste toujours dans un espace vide [...] dans l'espace entre les ailes des chérubins au-dessus du trône de miséricorde.» Mais pour avoir l'intuition d'une pareille Présence dans le vide, il faut presque avoir fait le chemin d'une vie. L'avoir *voulu* longtemps, penserait François de Sales. Nous ne sommes pas, en approchant du Christ, ni en côtoyant Thérèse, dans un monde de fusion spontanée, ni de romantisme, ni d'enflure verbale. Dans ses dernières épreuves, Thérèse, assoiffée de Vérité, a une dimension nocturne, traversée de lave, que Dostoïevski aurait pu approcher, et qu'a bien saisie Bernanos dans ses *Dialogues des Carmélites*. Bref, pour le dire avec une pointe d'humour, je pourrais presque affirmer que Thérèse a signé ma conversion, comme on signe une toile. Parler de sa conversion, dans notre époque si vide, si lâche, n'est certainement pas un acte d'orgueil ou de vantardise, comme le croyait un Bernanos qui n'avait jamais été déraciné et qui était si agacé par les convertis qui se drapaient dans leur récit ou dans leur *carrière de converti*.

J'ai su, en souffrant aussi, ce que c'est que la dissociation entre une quête du spirituel et l'appartenance au Corps de l'Église. Je l'ai vécue profondément pendant la plus grande partie de ma vie. Je sais ce que c'est que de croire à la Résurrection du Christ, de la défendre sans cesse, sans toutefois se nourrir de l'Eucharistie, du Christ «vrai Dieu, vrai homme», Fils du Dieu vivant. Je sais, pour les avoir vécues dans mon être, les conséquences graves de la scission. Je me demande encore comment ma foi a pu survivre. Et pourquoi j'ai été si profondément *protégé*. Car il m'a bien fallu au moins dix ans de demande, de *vouloir affaibli*, pour réintégrer ma communauté visible, dont je ne m'étais séparé qu'en apparence, sans doute, car je me percevais étrangement comme un *compagnon de route*. Il m'a fallu tellement de temps pour enfin m'abandonner dans la main du Père. Pour ne plus craindre Sa volonté. Pour pouvoir dire enfin le Notre Père dans l'abandon. Pour comprendre que savoir *prier*, c'est d'abord *reconnaître* que Dieu sait ce dont nous avons besoin. Pour déceler aussi dans l'histoire, dans l'enseignement, dans la continuité ce qu'est la Tradition fondée sur le Christ et sur les Apôtres. Tradition de Révélation, de lumière, qu'il ne faut surtout pas confondre avec la pauvreté humaine de l'Église, avec sa misère et ses erreurs dans l'histoire, ni avec la consolidation de l'Institution, ni avec le travail, les déformations des cultures en elle. Rien n'a moins vieilli que la Tradition, j'en suis maintenant profondément convaincu. Mais la Tradition, c'est avant tout l'être du Christ et son enseignement transmis par l'Esprit Saint et par ceux, les saints, qui agissent sous son inspiration, comme un relais de lumière et de feu qui rejoint chacun de nous. La Tradition est le *souffle* de vie qui maintient notre esprit vivant. Car c'est l'Esprit Saint qui garde vive la Tradition dans l'Église. Se maintenir dans la Tradition, c'est avant tout se relier au Christ et à son Église par l'Esprit. C'est aspirer à la *déification*, c'est-à-dire à la *vision béatifique*.

En guise d'épilogue

Par grâce, je n'ai jamais été fasciné par les formes spirituelles d'Orient, comme je n'ai jamais succombé aux modes de la Côte du Pacifique. Je suis attristé que d'anciens catholiques se jettent avec enthousiasme sur les spiritualités orientales ou sur des courants spirituels réducteurs à prétentions psychologiques. Ou que des femmes chrétiennes se convertissent à une autre religion par amour pour un homme. En ce sens, et on me le reproche parfois, je me situe toujours du côté du Christ et non des cultures ou des traditions religieuses qui lui restent étrangères. Je dirais presque, à la limite, que je suis membre du Christ avant d'être monothéiste. On me regarde peut-être avec étonnement comme un être pour le moins un peu fermé et déraciné. Je n'y peux rien si le syncrétisme me fait horreur, ou si quelques formes d'œcuménisme me laissent sceptique. Je souffre qu'on balance si aisément le Fils du Dieu vivant. Car c'est toujours le message du Christ: *Je suis la Voie, la Vérité et la Vie*, et la raison de sa venue parmi nous, sa révélation des intentions du Père en créant l'homme, que je dois continuer d'approfondir, certes, mais en individu de ma propre époque. Même ma *sensibilité* de poète doit se raffiner pour approcher le Christ. Se *désensualiser*. Se *dématérialiser*. C'est pourquoi j'ai demandé qu'on inscrive sur ma pierre tombale: *Tu es le Christ, Fils du Dieu vivant.*

C'est dire que je ne me suis jamais éloigné vraiment du Dieu trine et transcendant. Je n'ai d'ailleurs toujours compris la véritable *itinérance* que dans la voie du Christ lui-même. Je suis persuadé que sans le Christ, témoin agissant de l'humilité de Dieu, je ne me serais pas rapproché du Père. Je n'aurais jamais cru en cette Divinité inaccessible, indifférente à la misère du monde.

J'ai compris lentement l'*appartenance* à l'Église du Christ, à celle que Jésus a fondée sur Pierre, quoi qu'en disent des historiens de la *lettre*. Bien entendu, ce n'est pas l'Institution en elle-même qui m'attire, quoique, même dans sa dimension humaine, elle demeure admirable, car c'est précisément de l'Institution dont je me suis éloigné si longtemps, ou, plus précisément, du *règne* de la chrétienté et de la domination cléricale. Je ne pouvais guère supporter que nos Églises locales se comportent comme des gouvernements qui craignent de perdre la prochaine élection. Mais, comme le disait si bien Bernanos: «La maison de Dieu est une maison d'hommes et non de surhommes.» Si l'on dit tant de mal des prêtres, c'est qu'on les voudrait *saints*. Sans doute par exigence d'une vraie démesure, d'une certaine innocence, puisque notre monde si malade se donne le plus souvent corps et âme à l'argent, à la bêtise et à la cruauté.

Deux mille ans de progrès, du moins scientifique et technologique, n'ont jamais couvert de rides l'essentiel du message de l'Église. Et son message n'est pas une carte de croyances que l'on pourrait choisir selon nos humeurs ou nos faiblesses. On ne décide pas démocratiquement de ce qui doit être un élément du message du Christ transmis par l'Église. On a peut-être d'autres oreilles pour entendre, mais finalement, c'est la voix du Christ lui-même qui doit nous parvenir, qui nous parvient. La *modernité*, quand on parle du Christ, ça ne signifie rien. C'est une notion qui appartient à l'écume du *présent*, au monde en évolution, à la besogne du *Provocateur*, dit-on maintenant. À un contexte de connaissances non encore évangélisées, dirait Claudel. C'est comme vouloir saisir *l'éternité* avec des concepts du temps, la saisir avec des remous de l'histoire.

Il me semble de plus que c'est avant tout la *vie spirituelle* — l'état de veille, le silence intérieur nécessaire à la venue de l'Esprit, à une union avec Dieu — qui devrait imprégner notre pastorale et la faire vivre, la dérober à la contagion du bâillement et de la lassitude. Et non pas l'abandon à une pastorale qui tente de séduire les humains en rivalisant avec des spectacles à l'américaine. Une pastorale qui désespère du langage parce qu'elle ne s'en remet pas avec simplicité à l'esprit d'enfance. Une pastorale qui se croit peut-être dans l'air du temps, mais qui n'atteint pas «l'espace intérieur». Même les agents pastoraux les plus inventifs, avec les instruments qu'ils recueillent à même le monde, seront toujours très en deçà, me semble-t-il, des moyens qu'ont certaines sectes dont toute la spiritualité se résume à la *lettre* et au *spectacle*. Mais pour cela il faudrait croire si fortement! Être si profondément spirituel soi-même... Ne pas craindre non plus les distractions des gens, ni même leur somnolence, mais plutôt les désirer présents avec leur bonne volonté, avec leur humanité entière. (Je me trompe sans doute, appartenant peut-être à une culture déjà morte...)

Il demeure que c'est le Corps mystique du Christ et la Communion des saints qui constituent notre Église. «Notre Église est l'Église des saints», disait encore Bernanos d'une façon sublime. C'est l'Esprit Saint qui doit brûler en elle. Voilà la vraie vie cachée, celle qui fait circuler la Vie de Dieu, la Vie du *Tri-Un*. Voilà ce que j'ai appris peu à peu pour ma propre vie intérieure. J'espère bien qu'il se dégage de mes écrits, au sens de Pascal, un «langage nouveau». Le langage espérant de celui qui se sait prédestiné. Car tout homme appelé à naître grâce à l'Amour ne peut être que prédestiné, c'est-à-dire destiné à la vision béatifique. Il lui faut simplement, avec l'aide de l'Esprit — mais comme cela est difficile —, apprendre à aimer l'Amour. Il lui faut beaucoup travailler dans le fond de l'*âme*. Notion aujourd'hui abhorrée, suspecte de naïveté, j'en conviens, mais que les poètes innocemment continuent d'actualiser, car ils n'ont pas trouvé d'espace intérieur, de lieu équivalent qui aurait la même densité irradiante. Il faut surtout beaucoup prier, me semble-t-il, c'est-à-dire s'orienter avec simplicité vers Dieu comme le fait un tournesol vers le soleil. Voilà le rêve d'itinérance qui me garde vif.

Fernand Ouellette

De la certitude au risque

Dieu a créé l'être humain
pour qu'il lui raconte des histoires.

Le Talmud

D'abord, où j'en suis

J'ai découvert tardivement le Talmud et ses clés d'interprétation des expériences possibles avec Dieu et en Dieu, dans la foulée de la tradition biblique. Un Dieu présent à nos histoires, en dialogue, en cheminement et en devenir avec nous. On y trouve même la mise en procès de Dieu pourtant déjà vivace chez les prophètes. Et cet humour qu'on a si peu intégré à nos itinéraires spirituels. «Ne parle pas trop de Dieu, tu risques de lui faire du tort.» À tant insister sur la parole, on finit par être incapable d'écouter le silence réconfortant de Dieu et de sentir son «souffle ténu» (Pascal) qui ne veut pas s'imposer à nous. Sa révélation en est une d'inspiration, de déchiffrement, de recueillement. «Je te conduirai au désert et te murmurerai au cœur.» Parvenu à la dernière étape de ma vie, je découvre, encore là bien tardivement, que Dieu nous apprend à nous taire. À chaque réveil, le matin, dans son silence et le mien, je vis un jour nouveau comme un cadeau.

Un cancéreux en phase terminale que j'accompagne en laissant de vastes espaces de silence, me dit: «Je me dépouille pour être vrai avec Lui.» Job retentit ainsi dans ma propre vie, elle aussi frappée durement par la maladie, avec son appel au consentement de l'inachèvement de mon petit moi et de mes projets, pour un accomplissement autre en Lui. La foi vient toujours d'un autre, de l'Autre. Pas de foi sans modestie.

Et pourtant, la foi nous interpelle aussi: «Lève-toi, marche», fais du bien, crois en ton nom personnel, soucie-toi des autres. L'Évangile, c'est une suite d'appels à l'action qui se conjuguent tant au passé qu'au présent et au futur. «Ce que tu es est un cadeau de Dieu; ce que tu feras de toi, c'est ton cadeau à Dieu», disait un grand-père à sa petite-fille. Rien ici de la langue de bois ecclésiastique.

Ce sont des croyants tout simples qui m'ont sans cesse relancé dans la foi, qui m'ont fait prêtre et pasteur. «Vous êtes trop pessimiste sur l'avenir, monsieur l'abbé, vous savez, les enfants nous contestent aussi longtemps qu'on est là. On part, ils ramassent nos affaires et font du neuf avec ça. C'est l'histoire de Jésus face à ses disciples. Vous êtes théologien et vous ne savez pas ces choses?» Quelle leçon de vie et d'Évangile! En pleine fête de Noël à la messe de minuit où je voyais une majorité de gens venir à l'Église une fois l'an, un enfant nous dit: «Jésus, c'est le bon Dieu qui vient chez nous pour nous aimer et nous inviter chez lui.» Isaïe, pourtant, me l'avait dit: «Ils seront enseignés par l'Esprit.» Dans une société qui fonctionne sans Dieu, voici qu'il surgit comme ça, imprévu, inattendu, inespéré. Les cadres sociaux ne sont plus religieux, mais nombre de nos contemporains ont une histoire secrète avec

Lui. J'ai découvert cela même chez certains de mes amis agnostiques. Dostoïevski disait que l'athéisme peut purifier le Dieu des croyants. C'est ce qui m'est arrivé au Centre national de recherche scientifique à Paris. J'ai découvert un Dieu libre, libéré, libérant qui suscite en moi une foi plus libre, plus gratuite, plus heureuse. Comment ne pas noter ce phénomène relativement nouveau par son ampleur: des contemporains qui veulent aller au bout de leur humanité sans religion? Ils nous font découvrir ce passage biblique crucial où les croyants ont pris conscience que leur rapport avec Dieu n'est pas enfermé dans une logique de nécessité et qu'au sein d'eux-mêmes se disputent la croyance et l'incroyance.

Distance critique et dynamique

Pour témoigner de sa foi, on est souvent amené à retracer sa propre histoire. Une histoire qui n'est pas que spirituelle, et cela à plusieurs titres. Une histoire de chair, d'être au monde, de rapports aux autres, de patrimoines reçus, de projets et de rêves. En christianisme, la transcendance, la relation à Dieu et l'expérience mystique s'inscrivent au cœur du mystère christique de l'Incarnation déjà en germe dans le cheminement biblique de Dieu dans la grande aventure humaine. Cette aventure est celle d'un peuple singulier qui ouvre prophétiquement sur l'ensemble de l'humanité et de l'univers, sur un Royaume de partage de la vie de Dieu déjà à l'œuvre en ce monde, mais avec un «pas encore» que l'œil humain n'a pas vu.

En retraçant ainsi ma propre histoire, j'y ai vu comme un credo de certitudes qui faisait peu de place aux questions sur l'existence de Dieu, sur «l'incroyable» de la plupart des grands mystères chrétiens, sur le scandale radical d'un mal absolu et de maux incommensurables dont témoigne l'histoire humaine d'hier et d'aujourd'hui. Je me disais: «On comprendra cela au ciel avec Dieu et en Dieu. Luttons avec nos moyens limités dans l'amour, la justice et la liberté pour une humanité meilleure qui ne soit pas une caricature du Royaume de Dieu, mais son anticipation, avec foi en un au-delà que seul le salut de Dieu peut offrir gratuitement à notre liberté.»

Marqué par un certain héritage chrétien qui a fait du péché originel la clé de voûte du salut et de la grâce de Dieu – héritage qui n'a cessé subjectivement de hanter ma conscience et mes péchés – j'ai vécu longtemps l'angoisse, le profond scandale d'une éventuelle punition éternelle, infinie, imposée à ma finitude humaine. Comment concilier raisonnablement et existentiellement une foi en un Dieu d'amour et de miséricorde avec cette menace effroyable, absurde? Absurdité d'ailleurs souvent évoquée par mes contemporains qui considèrent la tradition judéo-chrétienne comme une vaste et tragique entreprise de culpabilisation. Cela m'horripile d'entendre pareils discours, même si j'ai peine à avouer subjectivement que ce paradoxe est toujours présent au fond de moi, à la fin de ma vie, comme chez bien des chrétiens de ma génération. N'y a-t-il pas un Dieu pervers, sinon perverti derrière ce cercle infernal? Péché, miséricorde, mais aussi punition éternelle? Les entourloupettes, sinon les esquives théologiques, à ce chapitre, m'ont toujours étonné. Le christianisme, plus que jamais, est confronté à de profondes réinterprétations de lui-même, jusque dans ses sources. Et ce n'est là qu'un exemple parmi d'autres.

Parfois, je me demande s'il n'y a pas derrière le drame spirituel que je viens d'évoquer une projection de la tragédie humaine déjà explicitée dans la dramaturgie grecque et le premier livre de la Bible, la Genèse, à savoir l'incapacité de gérer la démesure humaine qui aujourd'hui est parvenue à un sommet inégalé. Comment ne pas ressentir, plus que chez nos prédécesseurs, ce choc de la finitude et de la démesure? D'où la revisitation, chez nos contemporains les plus lucides, de la transcendance comme issue et dépassement d'un monde de plus en plus réduit à son immanence et incapable de dénouer le nœud infernal et contradictoire de sa finitude et de sa démesure. Il y a là un signe des temps qui me rejoint, m'interpelle, me secoue, me déstabilise, m'inspire jusque dans les profondeurs de ma foi chrétienne, tout en mettant en cause mon système de certitudes.

Des collègues du comité de la recherche à l'université me disaient: «Vous, les chrétiens, vous avez fait de la transcendance un plein qui laisse peu de place au dialogue que vous souhaitez avec nous.» En les écoutant, je pensais à Blondel qui interpellait la Rome chrétienne en utilisant, comme métaphore, l'édifice du Panthéon d'Agrippa en plein cœur de Rome. Cet édifice unique n'a pas de clé de voûte. Plutôt une coupole ouverte sur le ciel qui permet d'éclairer tout l'intérieur. Et si c'était là une des approches les plus plausibles de la transcendance de Dieu? Un espace libre, mystérieux, lumineux qu'il inscrit dans la béance humaine avec ses questions ouvertes, ses appels du dedans de sa nuit intérieure, sa conscience de l'insuffisance des réponses terrestres et immanentes. À tant faire du Nouveau Testament du Christ une réponse totale, irréfutable, pleine, achevée dans une Église arrivée, blindée de certitudes, on finit par oublier la formidable aventure de questionnement, de procès de Dieu, chez Abraham, Job et les prophètes. Approche dialogique d'une transcendance qui se joue inséparablement entre Dieu et nous. Dans un camp de concentration nazi, un rabbin, un jour de sabbat, a mis en place un tribunal où l'on intentait un procès à Dieu. Procès qui s'est terminé par un verdict: Dieu est coupable. Le procès terminé, le rabbin invite les protagonistes à la prière! Mais une prière inhabituelle... en silence. «Dieu nous apprend aussi à nous taire», justement pour maintenir l'espace libre... et laisser monter l'eau vive, neuve de sens dans le non-sens du trou noir du puits. Présence dans l'absence. Absence dans la présence. C'est ce qu'ont dit des Juifs croyants à des carmélites installées dans un ancien camp de concentration nazi.

J'aboutis comme cela dans cette foi mystique à la fin de ma vie: plus ou moins aphone, agnostique. Une foi résultant d'un plongeon risqué comme le sous-entendaient des Pères de l'Église. Risquer le Dieu *Autre*, comme il a risqué d'autres êtres que lui, libres comme lui, semblables et autres, au point d'accepter de nous perdre sans nous vouer paradoxalement à la perdition. Sa Vie offerte dans une liberté mutuelle. Sa présence en retrait dans un buisson ardent disponible pour rallumer en moi une espérance de feu. Dieu malgré Dieu, malgré ce que j'en dis, ce qu'on en a dit, l'Église malgré l'Église, l'humanité malgré l'humanité. J'ai dit plus haut: agnostique, c'est-à-dire sans réponse déjà acquise, y compris celle de l'existence de Dieu.

Mais surtout, il y a chez moi une foi de charbonnier que j'ai gardée toute ma vie avec les paroissiens les plus humbles. Une foi qui s'arrime mystérieusement à cette transcendance d'un Dieu tout autre qui surgit contre toute attente au-delà de mes raisons, de mes critiques, de mes scandales, de mes procès. Combat de Jacob dans la nuit qui débouche sur une aube inattendue, inespérée. Foi qu'on ne se donne pas soi-même. «Laissez-vous travailler par l'Esprit de Dieu», disait saint Paul. Foi d'accueil silencieux avant d'être passion aventurée, risquée, créatrice et féconde. Foi dont l'intelligence, la plausibilité est seconde. Foi impossible sans modestie. Foi en prise sur la tragédie humaine et l'écrasante responsabilité de contribuer à la surmonter, au meilleur de soi.

J'ai hâte de me taire, non pas seulement à cause de ce monde de plus en plus bavard qui pratique et espère le *plein* des yeux, des oreilles, de la panse et des couilles, mais aussi parce que l'écoute de Dieu appelle de longues plages de silence au-dedans comme au-dehors. Et je découvre, dans une maladie au bord de la mort, le silence mystérieux, lumineux et réconfortant de Dieu. Et aussi celui de Jésus qui, dans le premier texte évangélique de sa Passion, ne disait pas un seul mot. Et je rêve en même temps d'une Église plus modeste, plus dépouillée. L'Esprit me semble l'entraîner présentement dans ce souffle ténu dont parlait le prophète Élie. Même la Résurrection passe par là... Un tombeau ouvert, comme dans la première version de l'Évangile de Marc. De l'au-delà je ne sais rien. Et pourtant je crois qu'il m'attend les bras ouverts. Dixit Job. Je ne quitte pas, j'arrive. Sans carte accréditée, sans appellation contrôlée, sans drapeau, avec mes doutes non résolus et ma foi entêtée en Toi mon Dieu.

Eh oui, même le credo commence par «Je», debout dans la vie comme dans la foi. Passage d'une religion de l'être humain couché à l'être sujet responsable, libre et solidaire, capable (*capax Dei*) d'accueillir l'Alliance que le Dieu des deux testaments lui offre gratuitement. Assise et clé de voûte qui me semblent plus fondamentales qu'une spiritualité infantile d'obéissance inconditionnelle dont on a fait trop souvent le critère le plus important de discernement spirituel. «Vas-y mon gars, vas-y ma fille, je serai avec toi», c'est ainsi que le Père De Vaux, bibliste, résumait Bible et Évangiles. Dieu se révèle, comme chez Moïse, dans une aventure de liberté, de libération, où il n'y a aucun tracé d'avance, aucune carte de route prédéfinie. *Dieu en devenir avec nous*, et non un point fixe, figé comme le moyeu d'une roue qui tourne sur elle-même. Nous aurions évité bien des langues de bois, si nous avions risqué et promu davantage la fonction interprétative chez les chrétiens individuellement et collectivement. Aujourd'hui plus que jamais, je me rends compte des liens entre la pauvreté de la subjectivité chrétienne, de la foi en son nom personnel, et la rareté d'une parole chrétienne publique autre que celle des clercs à tous les niveaux de l'institution ecclésiale. Il y a un lien trop méconnu entre l'exercice interprétatif et la capacité de témoigner. La démarche d'interprétation est cruciale dans la construction d'une foi adulte. Un de nos interviewés dans une recherche récente disait:

> Si j'étais un bon catholique j'obéirais à la baguette, mais moi j'interprète. Quand j'ai cessé de pratiquer, j'ai récupéré mon «je crois» à même un nouvel art de vivre plus autonome, incompatible avec le Dieu catholique qu'on m'a enseigné, imposé. Tu prends tout le paquet ou tu t'en vas, c'est ce qu'on m'a dit avant de me marier à l'Église. Et on a eu le culot de me dire auparavant qu'on était prêt à cheminer avec moi. Tu ne peux pas dialoguer avec quelqu'un qui n'est pas capable de reconnaître ta propre parole de foi. Tout est défini à l'avance, il n'y a pas de place pour l'interprétation.

On me dira que c'est là un propos caricatural. Mais comment ne pas admettre notre propre pauvreté en matière de subjectivité chrétienne? Comme disait Georges Steiner: «Il y a une image de Dieu en chaque être humain, mais elle n'est pas en sûreté.» Le clerc prétend souvent tout savoir de la foi tout en soupçonnant les non-clercs d'être ignorants de la chose. À ce chapitre, mes propres doutes, mes propres «je ne sais pas» ont été libérateurs pour moi et pour les autres sur mon chemin. Je ne faisais plus d'adéquation entre «je suis sûr de toi, Seigneur» et «je suis sûr de moi». Les «pros de Dieu», comme disait mon collègue Richard Bergeron, résistent souvent mal à ce piège. Mais il y a plus. Quelque chose de très existentiel qui devient plus brûlant à la fin de ma vie.

Je débouche sur la non-évidence, un peu comme le soulignait le juif croyant Georges Steiner plus haut. Un profond sentiment du mystère de l'univers, de la condition humaine, de ma vie, de ma foi, de mon Dieu m'habite, devant le mal absolu dont parlait Kant. Et en même temps, paradoxalement, je vis une foi plus profonde jusque dans sa fragilité, un entêtement heureux à risquer l'Autre et des réinterprétations libérantes, dynamisantes, comme celle du feu amoureux de Dieu qui brûle la mort pour faire jaillir une vie nouvelle en Lui. Feu amoureux de Dieu qui brûle la haine, l'injustice pour faire jaillir avec nous une fraternité universelle ici-bas et au-delà dans son Royaume de paix toujours à l'œuvre. Feu amoureux de Dieu qui brûle le mal, le désespoir et tout destin fatal pour faire jaillir une espérance entreprenante sur l'horizon d'une promesse déjà inscrite dans l'histoire d'hier, d'aujourd'hui et de demain.

Ce n'est pas le péché qui est originel, mais Son Amour depuis le matin du monde et celui de notre propre naissance. Il me semble que cette réinterprétation de notre formidable tradition biblique et chrétienne peut nous aider à surmonter un certain système chrétien qui a trop souvent paralysé les consciences et compromis le bonheur de croire en Lui, de parier sur Lui, de vivre déjà en Lui. Bien sûr, tout cela se joue dans ce mystère, mais un mystère combien lumineux, plausible et passionnant jusqu'aux confins de la vie et de la mort. Voilà où j'en suis.

Je ne quitte pas, j'arrive. Mais avec l'inquiétude de pressentir un XXIe siècle livré, cette fois, à des guerres ethno-religieuses aussi tragiques que les guerres idéologiques du précédent, sur un fond d'idolâtrie de l'argent ayant pour conséquence des inégalités croissantes. Jamais je n'ai eu une conscience aussi vive du besoin du salut de Dieu que dans ce monde de plus en plus enfermé dans son immanence. Et j'entends retentir en mon âme le cri des prophètes et de Jésus de Nazareth où s'entrechoquent le «Pourquoi nous as-tu abandonnés?» et Sa Promesse, fondement de mon espérance. Une foi folle, aventureuse, risquée, qui n'a cessé de me ressusciter en confiance envers et contre tout.

Post-scriptum

L'expérience mystique chrétienne s'accompagne toujours de ce post-scriptum qui suit toute tentative de se dire dans la foulée de l'Esprit renouvelant nos paroles et celles de Dieu.

Deux êtres d'amour m'ont «risqué» un jour. Ils m'ont invité à partager leur vie. J'étais leur hôte. Il y a là une expérience humaine fondatrice. Nous sommes les hôtes de la vie et de la terre. C'est ce qu'une certaine modernité a trop perdu de vue, en bradant si souvent les assises de la vie, la mission terrestre que Dieu nous a confiée, et son humanité en Jésus qui nous remet les uns aux autres. Recevoir, à mon tour, les autres comme des hôtes importants, avant d'être reçu par l'Autre sur une rive dont je sais si peu. Notre condition d'hôte terrestre peut nous aider à croire que nous sommes les invités de Dieu.

Restent, au nord de ma vie et de ma foi, des aurores d'espoir vivace qui remontent à mes premières ferveurs, et, au couchant, mes derniers rêves qui seraient impossibles sans Lui.

Mais que d'accouchements déchirants et même de fausses couches pour renaître de l'Esprit (Jn 3). Je n'ai jamais eu le baptême facile. Et je soupçonne n'être pas le seul présentement à traverser l'exil et le désert en risquant l'horizon mystérieux d'une nouvelle terre et de cieux nouveaux. S'il y a là une certitude, elle ne vient pas de moi. Il faut encore là le redire, il n'y a pas de foi sans modestie. Elle agit parfois comme la source qui ne sait pas par quels chemins elle ira à la mer. Symbole des choses lointaines et majeures sur lesquelles ouvrent nos humbles balbutiements de prière. Comme disait un mystique soufiste: «Si le mot que tu veux ajouter n'est pas plus beau que le silence, retiens-le.» S.V.P., seulement trois petits mots:

À-Dieu-va!

Jacques Grand'Maison

Guy Lapointe
théologien
UDM

Réminiscences

relu 07/11/15

Je ne suis pas assez mûr pour être vieux.

Jean-Pierre Jossua

Il me semble être entré dans la vie comme on arrive sur l'île d'Orléans par un matin d'un soleil radieux du mitan de l'été. J'ai souvenance de ce moment mythique où la vie m'a sauté au visage... Je me promenais en chaloupe sur le fleuve, au bord des grèves de mon île, comme tant de fois je l'avais fait depuis mon enfance. Je venais tout juste d'atteindre mes dix-huit ans. Cet instant, léger comme le vent, m'est alors apparu, pour le reste de ma vie, comme une sorte d'éclaircie, d'ouverture, d'appel. Un appel pour aller où? Vers quoi? Vers qui? C'était un «plein vent» qui me convoquait à quitter mon île. Partir, «faire la vie», retraverser le pont pour la millième fois, portant le désir de relier ma vie à celles des autres.

Au Séminaire de Québec, j'avais eu, l'année précédente, un professeur de philosophie, plus précisément de logique, si peu pédagogue dans la façon de donner ses cours. Mais je sentais chez cet homme, dans les conversations courantes, un instinct de liberté qui me rejoignait. Cet homme était dominicain. Je le voyais mal, avec moi, ramer sur le fleuve,

Mecklenburg-Vorpommern (Allemagne)

mais il me semblait porter en lui une sorte de profondeur de vie et d'ouverture qui ressemblait à une immense espérance.

Ce vieux et austère dominicain, qui fumait la pipe à en jaunir son habit blanc et à faire sentir sa présence dans les corridors avant même qu'il n'apparaisse, je l'ai rencontré. Je lui ai parlé de mon interrogation sur mon avenir et de mon envie de partir. Il m'a parlé de prédication, de vie intellectuelle, de vie et de prières en commun, etc. Je me sentais projeté sur une autre planète. De cette rencontre, j'ai souvenir d'une sorte de déception... Je ne saurais dire encore aujourd'hui pourquoi j'éprouvai alors un tel sentiment. L'éclaircie de ce beau matin du mitan de l'été rencontrait déjà des nuages d'automne. Pourtant, je nourrissais l'impression, qui devint petit à petit une conviction, qu'il me fallait tenter l'expérience de la vie en communauté, chez les Dominicains. Comme si le destin de Dieu m'habitait, sans trop savoir ce que cela signifiait. Je me suis présenté au noviciat et l'aventure s'est poursuivie.

Dernier enfant d'une famille de quinze, huit années de pensionnat au Petit Séminaire m'avaient déjà préparé à la vie en commun, aussi à celle plus austère et fermée d'un noviciat. L'apprentissage de la vie dominicaine dans toutes ses dimensions de solitude, de prière commune; les exigences rituelles, qui font naître des envies de liberté pour aller rejoindre ce qu'on appelait alors «le monde»; la découverte de Dominique et du Moyen Âge; un début de recherche et de questionnement sur Dieu et sur la foi; des moments «mystiques», entremêlés de désirs de prendre le large loin de tous ces rituels, ont été le lot de cette année. C'était donc bien cela entrer dans une institution. Je ne sais pas pourquoi, mais malgré la rigidité de ce temps de noviciat, j'ai eu le pressentiment que ce cadre institutionnel me permettrait d'élargir mon goût de liberté. Malgré des moments difficiles, cette intuition ne s'est pas évanouie jusqu'à ce jour. Somme toute, un passage à vivre, avec la conviction, soutenue par les pères «graves», ainsi que nous appelions les aînés, que la vie dominicaine, sans être un «jardin de roses», me laisserait toute la latitude pour garder au fond de moi ce désir originel de croire et de vivre.

Puis ce fut un long temps d'études au Collège dominicain d'Ottawa (1957-1964). Deux années de philosophie, quatre de théologie et une en pastorale. Temps de découverte et d'apprentissage de la vie intellectuelle. Ouverture à la pensée diverse de la philosophie, que j'ai perçue très rapidement comme une sagesse de vie. Des interrogations multiples et fascinantes sur le monde de la Bible et une ouverture intelligente et libre à sa lecture et aux divers mouvements d'interprétation. Entrée dans le corpus théologique avec la rencontre de saint Augustin, de nombreux Pères de l'Église, et surtout, surtout de saint Thomas, dont on commençait alors à dire beaucoup de mal, mais dont je découvrais la liberté de penser qu'il pouvait offrir. Crises existentielles, parfois assez virulentes, reliées au désir de reprendre contact avec la réalité de la vie, désir qu'on nous permettait d'exprimer.

Ce temps des études fut surtout marqué par les espoirs et l'espérance ouverts par l'annonce du Concile et par sa tenue. Par bien des contestations aussi... Les interrogations ont fusé de toutes parts sur le sens de la vie religieuse, sur le rapport de ma foi et de ma vie avec cette sortie de l'Église de ces certitudes millénaires, qu'heureusement le milieu dominicain nous avait déjà habitués à accueillir avec un œil critique. Mais les crises existentielles se manifestent au grand jour. La vie religieuse est remise en question. Des confrères qu'on croyait si bien intégrés quittent par dizaines. Et la question surgit, claire comme de l'eau de roche: pourquoi resterais-je? J'avais autant de bonnes raisons de partir que de rester. Qu'est-ce qui me retient? Peur de recommencer, peur des jugements de l'entourage familial? Il y avait de tout cela. Mais persistait aussi le désir d'un travail d'intelligence de la foi. Je ne voyais pas trop bien où pouvoir le conduire ailleurs et autrement.

Une fois ordonné prêtre, je poursuivis mes études de doctorat à l'Institut Supérieur de Liturgie de l'Institut Catholique de Paris. Trois années d'intense recherche et de travail acharné. Trois années de contact vivant avec l'Europe, ses lieux, ses enracinements, sa Tradition. Mais aussi trois années de découverte de lieux liturgiques significatifs où j'ai, d'une certaine façon, réappris à prier en nouveauté de textes et d'assemblées. Trois années de vie intellectuelle et de travail sur l'histoire de la liturgie qui m'ont permis d'apprécier, d'un œil critique, les grandeurs, mais aussi les misères de la vie de l'Église. Cela m'a libéré. Tout le reste de ma vie, j'ai pu vivre en Église tout en prenant d'immenses distances par rapport à sa dimension institutionnelle. À vrai dire, je ne me suis jamais senti ni laissé renfermer par cette institution, même si parfois elle m'a empêché d'occuper certaines fonctions. Je ne me suis jamais senti ni en dehors, ni en dedans de l'Église. Je me sentais *en Église* avec les personnes que je rencontrais, même en vivant des désaccords profonds.

De retour au Québec, après un bref temps d'enseignement au Collège Dominicain d'Ottawa, j'entre comme professeur à la Faculté de théologie de l'Université de Montréal où j'ai travaillé jusqu'à tout récemment. J'ai effectivement beaucoup travaillé, beaucoup écrit, beaucoup enseigné. Malgré des moments de crises personnelles et même institutionnelles, quoique rares, même dans les situations les plus douloureuses de ma vie, je n'ai jamais perdu le souffle d'Évangile qui m'animait. J'ai pris d'énormes risques et de grandes libertés. Mais pour moi, la vie était à ce prix. Je crois avoir été de quelque utilité dans la recherche intellectuelle du sens de la foi et de l'Évangile, dans mon enseignement et mes écrits, et avoir contribué au développement de l'esprit critique et du goût de la recherche de mes étudiants. Mon seul souci: rendre toujours plus libres les personnes et les groupes rencontrés, les garder dans l'interrogation, assuré que l'espérance n'existe que dans cette posture. Qu'ai-je apporté à tous ces gens? Je n'en sais trop rien. Parfois, quelques échos entendus ici ou là, mais sans plus.

interrogation vs espérance / certitude vs ???

Convaincu que l'Évangile n'a de sens que celui de traverser et de rejoindre les interrogations du monde, et que croire est une façon d'être dans la vie – et c'est ce qui a pu marquer mon itinéraire spirituel – j'ai tenté de porter les interrogations contemporaines jusqu'à l'Évangile et de les faire partager à d'autres, à bien des niveaux. Ce fut souvent, pour moi-même, une sorte de combat de Jacob avec Dieu dont je suis sorti, bien des fois, blessé. Mais l'espérance était plus large, même si souvent elle avait besoin d'être soignée et d'être consolée. C'est cette espérance têtue qui m'a aidé à garder ma liberté. Il me semble que je me suis très rarement senti étouffé par l'institution dominicaine, ou par l'institution ecclésiale. Quand cela est arrivé, je m'en suis tout simplement éloigné, comme pour ne pas perdre ma liberté et ma capacité d'interrogation.

De tout cet itinéraire, je suis bien incapable de faire le bilan. Je ne me sens pas encore assez mûr. D'ailleurs, est-il vraiment nécessaire de le faire? Mais je sais une chose: la vie aura été généreuse envers moi et, je le pense sincèrement, Dieu aussi. Par-delà tous les folklores dominicains, je retiens de ce Dominique du XIIIe siècle le souci prophétique de retrouver la légèreté de l'Évangile et le goût des départs. À relire mon itinéraire, deux gestes des débuts de l'Ordre semblent avoir inspiré toute ma vie, même dans les moments plus sombres.

Alors qu'il étudie en Espagne, une famine éclate et prend une ampleur redoutable. Dominique n'est pas riche, mais il veut aider les affamés. Il ne lui reste qu'à vendre sa Bible. On peut imaginer facilement ce que pouvait représenter un livre comme la Bible, au Moyen Âge. C'est son regard porté sur la situation et le souvenir de l'Évangile qui l'amène à poser ce geste. Il se rappelle que lorsqu'il n'est pas pratiqué dans les faits, l'Évangile devient lettre qui tue, un simple texte.

Le deuxième geste des commencements est encore plus paradoxal et plus étonnant que le premier. Un an après la reconnaissance officielle de l'Ordre par Rome, Dominique, le jour même de la fête de l'Assomption (15 août 1217), décide de disperser les quelques frères qui l'avaient suivi. Geste surprenant, taxé par quelques-uns d'imprudence. Au moment où il fonde la communauté, Dominique la disperse et lui-même veut partir pour travailler à la conversion des musulmans... Il risquait l'Évangile: «Le bon grain porte du fruit quand on le sépare, disait-il, et il pourrit s'il demeure en tas.» Dominique avait la passion des routes, là où sont les véritables enjeux de la vie. C'est d'ailleurs sur les routes qu'il semble avoir passé le plus clair de son temps à dialoguer avec les gens.

Comme en souterrain, ces deux gestes ont inspiré ma vie, mon itinéraire spirituel et d'engagement. Ils m'ont accompagné, tout comme cet appel à sortir de mon île d'Orléans. Ils m'ont donné le courage de la route, de bien des routes, même dangereuses, seuls espaces capables de tenir les espoirs en haleine. Tout comme la petite espérance, mais combien immense!

Guy Lapointe

Ce dominicain doit avoir au moins 80 ans et son cheminement est moderne* : désir de liberté, questionnements, sens critique, "intelligence de la foi"!

* moderne par rapport à mon expérience de l'église catholique faite de règles, de soumission, où les questions ou remises en question étaient mal venues, où il fallait obéir et non penser, croire sans questionner.

Venu d'on ne sait où

Pierre Pelletier
philosophe & psychanaliste, Mtl

Ma rencontre avec le Bouddha

Il est vraisemblable que, tout jeune encore, je sois tombé dans l'eau bénite. À six ans, j'étais enfant de chœur; à huit ans, j'étais Croisé avec les Jésuites de l'Immaculée-Conception. Pendant toute mon adolescence, j'ai été scout catholique. C'est là sans doute que se situe mon premier traumatisme catholique conscient: je n'avais pas personnellement de sérieux problèmes d'*impureté*, mais l'aumônier de la troupe et l'aumônier diocésain avaient *toujours* comme thèmes, dans les *mots d'aumônier*, la pureté, l'enfer et la Vierge Marie, modèle de pureté. Pendant les camps d'été, dans un endroit reculé des Laurentides, au milieu de la forêt, lorsque les braises du feu de camp étaient encore rouges, l'aumônier nous entretenait, adolescents, de l'enfer et de l'impureté. Il semble que telle était, pour ces obsédés sexuels, l'essence de l'Évangile! Comme ma mère était elle-même une admiratrice des prêtres et une scrupuleuse obsédée par le sexe et l'enfer, je crus percevoir, assez tôt, que tout ce monde de curés et de péchés était un immense goulag. Je comprenais un peu ma grand-mère qui suppliait saint Joseph de venir la chercher!

Pour mon père, issu d'une famille anticléricale et non pratiquante, toute cette religion était une affaire d'argent, mais son commerce dans le Centre-Sud de

Montréal l'obligeait à entretenir de bonnes relations avec les prêtres de la paroisse, et à faire ses Pâques, pour être reconnu comme catholique.

Fasciné par les figures de Jésus et de François d'Assise, il me semblait que cet univers de péché et d'hypocrisie n'avait rien à voir avec l'Évangile et que la *religion* pouvait se vivre autrement que dans la névrose chrétienne qui m'entourait.

À 16 ans, je gagnai un voyage en Grande-Bretagne, organisé par le YMCA. Je dus alors constater, contrairement à ce que l'on m'avait enseigné, que les anglicans et les protestants n'étaient ni sots ni hostiles. Avec les autres adolescents du *Young Men Christian Association* (YMCA), j'appris même à vivre la nudité, ce qui, semble-t-il et malgré les mises en garde de mon directeur spirituel, ne m'a pas fait perdre mon âme. Vers l'âge de 17 ans, je me souviens aussi d'avoir lu Kierkegaard et Bernanos, *L'Affrontement chrétien* d'Emmanuel Mounier, qui reprenait les critiques de Nietzsche, et, comme eux, je ressentais une certaine nausée envers la forme de christianisme que je découvrais autour de moi.

Par ailleurs, je commençai à lire *Le Devoir* et *Cité Libre*, c'est dire que j'étais passionnément anti-duplessiste, légèrement anticlérical et révolté par la façon dont Duplessis faisait, comme il s'en vantait, manger les curés dans sa main. Cette révolte connut son point culminant lors de l'exil de Mgr Charbonneau et son remplacement par un «prince de l'Église», pure créature romaine qui surveillait tout et censurait à gogo, par crainte, me disait-on, du Saint-Office. Dans mon esprit d'adolescent, je crus comprendre alors, encore confusément, que le principal moteur de la religion catholique était la crainte: chacun avait peur de tous et tous du Saint-Office et de l'enfer.

Mais je découvris alors les Dominicains: le Père Lévesque, anti-duplessiste viscéral, le Père Mailloux, qui avait sorti Freud de l'enfer, le Père Régis, qui fascinait par son indépendance d'esprit. Des Dominicains français aussi: le Père Couturier qui sortait l'art sacré de Saint-Sulpice, les Pères Chenu et Congar qui sortaient la théologie de la boule à mites scolastique. J'entrai donc chez les Dominicains à l'âge de 20 ans.

Au noviciat, presque tout m'enchanta: la liturgie, l'étude de la Bible, le Moyen Âge et la vie de saint Dominique.

Un seul souvenir désagréable, qui n'a rien à voir avec les Dominicains: un jour que nous recevions les curés de la région de Saint-Hyacinthe, j'entendis la conversation suivante entre deux monseigneurs au ceinturon rouge:

> - Que pensez-vous du nouveau programme
> de français?
>
> - Je le trouve très bien,
> répondit l'autre monseigneur.
>
> - Moi, je le trouve très mauvais,
> reprit le premier.
>
> - Bien, moi, je le trouve très bon dans le sens que je le trouve très mauvais.

Me revoilà plongé dans la malhonnêteté intellectuelle, que déjà j'associais aux dignitaires du clergé. Quelle compétence leur permet donc de juger un programme de français et comment peut-on affirmer sans vergogne que très bien veut dire très mauvais?

«Malhonnête!» fut le seul mot qui me vint aux lèvres, et, bien malgré moi, l'*infâme* de Voltaire me revint à l'esprit. N'étant que novice, je me contentai d'un mépris silencieux. Et, après tout, ce n'étaient pas des Dominicains!

Même si les professeurs n'étaient pas tous excellents, les études à Ottawa étaient, dans l'ensemble, de bonne qualité, et j'étais tout fier de lire saint Thomas dans le texte, d'approfondir l'étude de la Bible, dans un contexte de liturgie et de grandes amitiés. Quelques frustrations importantes cependant. Dans les cours d'histoire de la philosophie, chaque philosophe était succinctement résumé, puis rapidement réfuté. Platon lui-même n'y échappait pas. La seule vérité était aristotélico-thomiste et la connaissance était réaliste. On ne cherchait pas la vérité; étant dominicain, on la possédait, surtout depuis le Concile de Trente qui avait commis le sacrilège de poser saint Thomas à côté de la Bible. J'eus aussi un jour à affronter un confrère dans une *disputatio* au sujet de la supériorité de l'Église sur l'État. Je pris évidemment le contre-pied de la thèse et, pendant tout le débat, le prof ne cessa d'encourager mon adversaire qui, lui, défendait la dite supériorité. Enfin, je fus presque évincé du lectorat en théologie pour avoir demandé au prof si nous ne donnions pas trop d'importance à la mariologie, aux dépens de l'équilibre de la foi. On ne me retint évidemment pas comme professeur au Collège dominicain, malgré mes résultats bien au-dessus de la moyenne. Je dois ajouter que, pendant ces six années d'étude, le Père Maître des étudiants, dont on aurait pu attendre qu'il fût un Maître spirituel, était, en fait, une espèce de Préfet de discipline, sans profondeur et sans vision.

Le Portugal

Grâce à la complicité d'un Provincial qui aimait bien mon tempérament passionné et mon esprit rebelle, c'est au Portugal que je partis enseigner la métaphysique et l'éthique personnelle et sociale. J'ai beaucoup aimé ce pays, et surtout mes jeunes étudiants dominicains, carmes, missionnaires de la Consolata et du Verbe divin. Je pense encore à eux tous avec bonheur et *saudade*. Mais c'était alors le Portugal de Salazar, un pays qui ressemblait, en pire, au Québec de Duplessis. Chez les Dominicains, nous jouissions de beaucoup de liberté et mes étudiants ouvraient grand les yeux quand je leur parlais de Marx, de Sartre ou de Foucault. Par contre, dès que des collègues et moi sortions donner des conférences à l'extérieur, des agents de la Police secrète se mêlaient à notre auditoire. Ensuite, c'est l'évêque qui nous transmettait les mises en garde et qui, finalement, nous a interdit toute conférence publique. Là aussi donc, le clergé mangeait dans la main d'un gouvernement de droite, de tendance fasciste, et le seul évêque qui osa des critiques sur certaines conditions sociales dut, comme Mgr Charbonneau, s'exiler. Par ailleurs, il fallait voir ces pauvres paysans portugais aux prises avec les problèmes de contraception, d'«empêchement de la famille», enfoncés non seulement dans la misère mais aussi dans le péché mortel.

Entre temps, plusieurs théologiens (Chenu et Congar, entre autres) avaient été condamnés par Rome, pour avoir osé penser par eux-mêmes. En fait, sans trop m'en rendre compte, je perdais peu à peu confiance en l'Église, en laquelle je reconnaissais de plus en plus une grosse machine d'oppression sexuelle, sociale et intellectuelle. J'essayai, bien sûr, de pratiquer l'acrobatie de plusieurs confrères: distinguer

Jésus de l'Église. Mais c'est une acrobatie dont je me sentais de moins en moins capable, et je n'avais pas, au contraire de Jésus, le courage de m'attaquer au Temple et aux grands-prêtres.

Lorsque je rentrai au Québec, après cinq ans, la Révolution tranquille était déjà en marche, ce qui rendait ma réadaptation plus difficile. Certains collègues me tendirent la main: Benoît Lacroix m'offrit un poste à l'université, Vincent Harvey m'offrit la direction de la revue *Maintenant*. Mais il n'y avait pas de maître spirituel chez les Dominicains: personne qui puisse me soutenir spirituellement dans ce passage difficile, au travers de mes nombreuses remises en question. Je devins par contre le confident de trois ou quatre de mes confrères qui pensaient sérieusement à quitter l'Ordre (et qui, effectivement, le quittèrent). Il régnait, à ce moment-là, au Couvent Saint-Albert-le-Grand une sourde morosité, voire, chez les moins de 40 ans, une douloureuse déprime. Même si le Collège des Dominicains m'avait alors réhabilité et nommé professeur de philosophie, je me sentais mourir. Dans ce grand Couvent tout neuf, le ver, me semblait-il, était dans la pomme.

J'avais besoin d'air et d'espace et je fus bien forcé d'envisager, pour la première fois, de quitter l'Ordre: pour ne pas mourir.

Paris

Selon des plans déjà approuvés par les Supérieurs, je partis pour Paris, en vue d'y faire des études doctorales en philosophie. En arrivant à Paris, je ne pus supporter l'atmosphère arrogante du Couvent du Faubourg Saint-Honoré, et encore moins les odeurs pieuses de la Fraternité Sacerdotale. Quelque temps après, je commençai une psychanalyse et décidai d'écrire à mon Provincial pour lui dire que je voulais quitter l'Ordre. Je me serais attendu à ce qu'il manifestât le désir, même si cela n'aurait peut-être rien donné, de me rencontrer pour discuter de ma décision, pour me suggérer des solutions moins radicales. Bien au contraire, je reçus, par retour du courrier, les formulaires de demande de laïcisation. Je crus comprendre que mon Provincial ne croyait plus beaucoup en son Ordre, comme l'avenir allait le montrer. Tout fut rapidement consommé avec les gentils chanoines de l'Archevêché de Paris et je fus très rapidement *laïcisé*. En fait, je me pliai à ces démarches canoniques par pure politesse: cela ne voulait plus rien dire pour moi.

Depuis quelque temps déjà, des collègues m'avaient fait part de certaines conclusions récentes de l'exégèse: l'histoire d'Abraham est un mythe et sans doute le Patriarche n'a-t-il jamais existé. On commençait à faire des hypothèses semblables à propos de Moïse, de la sortie d'Égypte. Avec l'aide de la psychanalyse, je devins vite convaincu qu'Abraham, Moïse, et pourquoi pas la résurrection de Jésus, la vie éternelle, et Dieu lui-même étaient des mythes consolateurs, des illusions, composantes d'une névrose obsessionnelle collective, comme Freud l'avait suggéré. À Paris, dans les années 70, psychanalyste était pratiquement synonyme d'athée. En bon élève, je décidai d'être athée et, comme Freud le suggère, d'accepter qu'il n'y a pas de père au ciel et que la mort, c'est la mort, sans plus. Finies les illusions. Ma perte de confiance en l'Église atteignait son aboutissement normal: une perte totale de foi chrétienne.

Cette perte de confiance et de foi était tellement viscérale qu'il me devint impossible d'entrer dans une église sans ressentir de la nausée ou un point d'angoisse dans la poitrine. Ce n'était pas d'abord les Dominicains que je rejetais (c'étaient les moins pires, comme on dit au Québec), mais le monde clérical, et, finalement l'Église catholique, de même que la tradition chrétienne, en bonne partie. Pendant une bonne dizaine d'années, je fus fidèle à ma décision: psychanalyste rationaliste, humaniste athée, je considérais que Dieu, Jésus ressuscité, la vie après la mort, les rituels, tout cela était de l'illusion névrotique. À éviter.

L'Orient

Une première brèche, toute petite, survint lors d'un séjour à l'*Institut Esalen* en Californie, qui était, dans les années 70, le carrefour de la contre-culture, des nouvelles thérapies et des nouveaux courants spirituels. Ceux qui le désiraient pouvaient faire 20 minutes de méditation hindoue en fin d'après-midi, sur cette splendide falaise au bord du Pacifique. Au cours d'une méditation, il me vint à l'esprit qu'il y avait peut-être «quelque chose», une autre dimension au-delà de la raison et de la mort.

Six ans plus tard, en 1984, la curiosité m'attira à un week-end bouddhique: on parlait alors tellement du bouddhisme dans les nouvelles thérapies que je voulais savoir un peu de quoi il s'agissait. Je m'attendais à des causeries et je m'étais armé pour affronter les discussions qui auraient sans doute lieu: toute religion suscitait d'abord en moi une attitude de méfiance, pour ne pas dire davantage. À 9h, le samedi matin, on m'enseigna rapidement à m'asseoir sur un coussin. Je crus que c'était la façon bouddhique d'attendre le premier conférencier. Mais vinrent 9h30, 10h, 11h, et nous étions une trentaine de participants toujours assis sur un coussin, les jambes croisées, et disant «pensée» à chaque expiration. J'étais déçu, furieux et pensai sérieusement à quitter ce lieu dès midi, pour aller m'acheter un bon livre sur le bouddhisme. Fort heureusement, je décidai de revenir l'après-midi, dans l'espoir que, enfin!, ça commence. Mais nous retrouvâmes nos coussins, et mon esprit se relança dans le feu d'artifice de la colère et de la déception. Vers 15h, cependant, toujours assis sur le coussin, je sentis une immense paix m'envahir et je dus bien constater que ce fichu coussin était un extraordinaire outil de pacification de l'esprit. Je retrouvais dans cet exercice des parentés avec la psychanalyse: laisser monter les émotions et les pensées sans les censurer, sans les cultiver ou les chasser. Et, dans ce cas, sans les analyser. J'étais gagné, non au bouddhisme, mais à la méditation silencieuse et sans objet, qui devait devenir une de mes pratiques quotidiennes. Ce type d'expérience était certainement fait sur mesure pour moi, à ce moment de mon existence: je ne découvrais pas le bouddhisme comme système philosophique ou comme credo (que j'aurais pu analyser, comprendre, réfuter). Le bouddhisme me rentrait par les fesses!

Inutile de dire qu'après ce week-end, je me lançai dans la lecture de livres sur le bouddhisme (que je ne connaissais pas du tout); je suivis des cours, fis des retraites de fin de semaine, puis, en 87, une retraite d'un mois, suivie, quelques mois plus tard, d'une retraite solitaire de 10 jours, dans un ermitage. Au cours des 17 dernières années, je répétai ces expériences plusieurs fois.

J'eus d'abord beaucoup de réticences à entrer dans le Centre de méditation (qui me rappelait trop les églises); je me cabrais chaque fois que l'on prononçait des mots comme vertu, vœu; j'avais des haut-le-cœur quand on brûlait de l'encens. Petit à petit, les mots, les gestes, l'encens prirent un nouveau sens et je sentis que mes blessures chrétiennes guérissaient de semaine en semaine. J'avais même l'impression de redécouvrir le christianisme: je recommençai à aller à la Messe et me considérais *chrétien-bouddhiste*. Cela ne dura pas longtemps: j'appartenais désormais à un autre univers culturel et religieux.

Je découvrais, en fait, une religion exigeante, mais sans culpabilité; on m'offrait une démarche spirituelle qui prend chacun là où il est et l'aide à transformer ses ombres en lumière; enfin, pour le résumer très brièvement, on ne me demandait de croire en rien, comme le Bouddha y avait exhorté ses disciples: «Ne croyez rien de ce que je vous dis; faites-en l'expérience.» Une religion sans pape ni dogmes, quel soulagement! Une religion où l'on se voit soi-même et où on voit les autres non comme des pécheurs coupables, mais comme des êtres foncièrement éveillés mais souffrants. Une religion très diversifiée, du bouddhisme tibétain au bouddhisme zen ou de la Terre pure.

Je fréquentai d'abord le bouddhisme tibétain qui convient sans doute mieux à des débutants, vu sa grande tolérance, ses nombreuses fêtes. Puis, gêné par l'abondance de déités et de pratiques, je passai au bouddhisme zen, plus austère, mais dont la pensée convient mieux à mon type d'esprit. Chez les Tibétains, dont je suis encore très proche, et encore davantage chez les zen, il m'est arrivé à quelques reprises de pleurer à chaudes larmes, en me disant: «Enfin, je suis chez moi!»

Bouddhiste occidental

Il ne faut cependant pas croire qu'il soit facile pour un intellectuel d'ici de devenir bouddhiste en Occident. Les enseignements bouddhiques sont extrêmement subtils: les Maîtres tibétains qui nous visitent assez souvent nous en font goûter toute la richesse et les subtilités. Il existe aussi de plus en plus d'excellentes traductions, surtout en anglais, des grands textes fondateurs. La lecture des textes traduits du pali est un véritable régal. Nagarjuna, Maître Dogen m'ont enchanté autant qu'ont pu le faire saint Jean, saint Augustin, Maître Eckhart ou Thérèse d'Avila. Mais il faut aussi se taper les petits maîtres occidentaux, sans formation philosophique, qui ne comprennent pas très bien ce qu'ils répètent, qui transforment tout en dogmes, et qui, malgré leur souhait, lisent le bouddhisme avec l'esprit du Talmud ou de la Scolastique. Il faut aussi faire face à l'anti-intellectualisme, surtout chez les disciples de Deshimaru, qui, sous prétexte que l'expérience est primordiale, méprisent toute pensée. Il faut écouter avec patience ceux et celles qui idéalisent le bouddhisme et oublient ses moins bons côtés qui sont allés aussi loin que la collaboration avec le militarisme nippon. Il est difficile, pour la plupart des bouddhistes occidentaux, de dépasser leur ressentiment envers le judaïsme et le christianisme, et d'être simplement bouddhistes, avec un *esprit neuf*, sans idéalisation de leur nouvelle voie et sans rejet de la voie de leur enfance. Mais la fréquentation des *gens ordinaires*, non intellectuels, m'a aussi permis de voir que la juste formulation de l'expérience n'est pas un absolu et qu'il importe de percevoir l'expérience souffrante et éveillée de chacun, même sous des formes intellectuellement inacceptables.

Traditionnellement, le bouddhisme n'a pas affronté et combattu la religion des pays où il se répandait. Il a plutôt essayé d'assimiler les religions autochtones et s'est laissé influencer par elles: le panthéon hindou, le shamanisme bön au Tibet, le taoïsme en Chine. Normalement, devrait peu à peu apparaître un bouddhisme occidental, voire un bouddhisme européen et un bouddhisme nord-américain. Cela prendra quelques siècles, mais le Dalaï-lama y travaille intensément avec des scientifiques de divers horizons, «pour voir, comme il le dit, ce qui est faux dans le bouddhisme». Dans l'ensemble, l'inculturation se fait à tâtons, avec des audaces, des bévues, des fanatismes, des interprétations aberrantes, quelques scandales. Mais les efforts d'inculturation, surtout aux États-Unis, sont tout à fait remarquables. Même s'il est difficile de faire se rencontrer le bouddhisme, la tradition grecque et la pensée moderne, ces efforts devraient un jour donner d'heureux résultats.

Pour ma part, en début de parcours, je me disais chrétien-bouddhiste. Puis, j'ai compris qu'il faut jouer le jeu à fond, sous peine de rester à la porte et du bouddhisme et du christianisme: on ne peut croire en un Dieu Autre ou en un Sauveur et être bouddhiste. On ne peut croire au karma, à l'éveil et à la réincarnation et être chrétien. J'ai donc, à un moment, choisi d'être bouddhiste. Ma rigueur intellectuelle fait en sorte que je suis mal à l'aise dans une religion ou une spiritualité à la carte, et je ne crois pas aux spiritualités qui ne s'insèrent dans aucune tradition et dans aucune appartenance, ou qui font la synthèse de toutes les traditions. C'est la tradition et la communauté qui nous empêchent de construire notre *petite spiritualité* individuelle, qui nous obligent à scruter sans cesse des intuitions qui nous dépassent et à affronter les aléas du vécu quotidien avec d'autres êtres éveillés mais souffrants. Certains grands spirituels disent être bouddhistes et chrétiens à 100 %. Je les envie, mais je n'en suis pas là.

Je crois d'ailleurs que les maîtres bouddhistes, comme Albert Low, Taisen Deshimaru, et même le Dalaï-lama, qui pensent mieux rejoindre les Occidentaux en parlant de Dieu, ne font que semer la confusion dans les esprits: ce qu'ils appellent Dieu, en tout cas, n'est certes pas le Dieu d'Abraham, de Jacob et de Jésus Christ. Peut-être plutôt la déité, chère à Maître Eckhart. Ainsi en est-il de Sogyal Rimpoché, qui traduit éveil par résurrection, oubliant que les mots ont une histoire et que, même si elles sont des fruits, les pommes ne sont pas des oranges.

Après quinze ans d'étude et de pratique bouddhiques, je parviens maintenant, après beaucoup d'hésitation, à célébrer l'Eucharistie avec une dizaine d'amis dominicains de la communauté Saint-Jean. Je me sens en communion avec eux sur bien des points et je me dis que le Christ est sans doute heureux de recevoir un bouddhiste à sa table. Moi, maintenant, je suis ravi d'accepter son invitation. Et cela me suffit, pour l'instant.

Errance ou grand envol?

En ce qui me concerne, je ne saurais parler d'un *grand envol*. Mon cheminement dans la psychanalyse, puis dans le bouddhisme, n'a rien d'un triple saut. Il s'est fait à coups d'années sur le divan, de derrière sur le coussin, d'interrogations, de retours en arrière, de ressentiments, de regrets, de moments d'éveil, de moments de nuit, de sommeil, de découragement, dans passablement de souffrance et beaucoup de joie.

En bon élève de Paul Ricœur, j'ai essayé de m'approprier la tradition. Celle que l'on m'a d'abord offerte était très étroitement catholique, et il ne s'agissait d'ailleurs pas alors de se l'approprier, mais de la suivre: ce n'était pas une tradition mais une basilique. Grâce aux Dominicains, ma foi est devenue un peu plus intelligente, mais toujours dans les bornes d'une idéologie chrétienne et, plus particulièrement, thomiste. La fréquentation de Paul Ricœur a évidemment remis beaucoup de choses en question sur les plans philosophique et théologique. La psychanalyse, pour sa part, a tout remis en question, tout. Mais je ne pouvais en rester là. Il fallait me réapproprier mes parents, ma culture, ma religion *autrement*. Dans ce retour à la vie, j'ai rencontré, je ne sais pourquoi, la tradition bouddhique, et je m'y suis reconnu. Il me fallait alors me réapproprier ma tradition grecque, juive, chrétienne, moderne, à la lumière d'une autre tradition venue de l'est. C'est un travail considérable, fascinant: être neuf sans nier ses racines. Cela demande beaucoup d'heures de divan et de coussin. Ma démarche, en tout cas, n'est pas du tout un grand envol. Plutôt un long labour.

Certaines métaphores occidentales, qu'il s'agisse de l'envol ou de l'errance, n'ont pas beaucoup de sens dans le bouddhisme. Dans cette voie spirituelle, on ne s'en va pas ailleurs, et personne n'est sur le droit chemin, s'il ne crée pas le sien à mesure qu'il avance. Il s'agit plutôt d'atteindre l'autre rive, qui s'avérera exactement la même que la première rive, mais que l'on verra de façon toute différente, sans avidité, jalousie, agression. Et, après avoir traversé, il ne faut surtout pas porter son canoë (sa religion, sa voie spirituelle) sur son dos: le bouddhisme est une religion faite pour être abandonnée.

Même si le bouddhisme a des aspects culturels qui l'apparenteraient plutôt au Moyen Âge, il s'avère étonnamment moderne en ce qu'il considère que chacun peut atteindre l'éveil à partir du terreau que son histoire, son tempérament lui ont donné. Il rejoint aussi les aspirations modernes dans la mesure où l'éveil c'est la liberté, non pas uniquement des contraintes extérieures mais aussi des contraintes internes, qui s'appellent avidité, jalousie, agressivité, modèles de comportement figés, préjugés, opinions et idées solidifiées.

Le plus difficile à comprendre et à intégrer est l'idée centrale du bouddhisme: tout est éphémère. Et en particulier l'idée qu'il n'y a pas d'âme immortelle. En Occident, en effet, nous avons plutôt vécu avec les idées platoniciennes d'une âme immortelle, de vérités immortelles, d'un enseignement et d'une Église immortelles. Pourtant, ce que le Christ a promis aux croyants, ce n'est pas l'immortalité, mais la vie éternelle. Dans le bouddhisme, il est clair que l'éveil, le nirvana sont de l'ordre de l'éternité (absence d'espace-temps et conscience vive de la succession instantanée de la vie et de la mort), et pas du tout de l'ordre de l'immortalité (un temps sans fin, une vie sans mort). Il est difficile pour un Occidental, sans tomber dans le nihilisme, de se faire à l'idée qu'il n'est en aucune façon immortel, que ses idées, ses projets, ses idéaux, ses croyances sont mortels tout en étant uniques au monde et d'une valeur inestimable. L'être humain est une fleur, dont on sait qu'elle va bientôt se faner et mourir. Plus précisément un superbe lotus, qui plonge ses racines dans la boue et s'épanouit à la surface de l'eau.

Là-dessus se greffe une autre idée très difficile à accepter: le moi est une construction (nécessaire) de notre esprit. Nous ne sommes qu'un conglomérat d'énergies, qu'il faut unifier pour être sain d'esprit, mais qui n'ont aucune consistance (substance) propre. Que nous ne soyons pas une substance permanente, que rien ne le soit, cela change évidemment beaucoup notre vision du monde et de nous-mêmes. Les drames sont moins dramatiques, nos idées, nos croyances sont moins absolues, moins dogmatiques. Nos systèmes ne jouissent d'aucune solidité qui permettrait de les ériger en dogmes. Et c'est cela qui fait du bouddhisme une *religion* essentiellement (et non pas accessoirement) tolérante.

Pour ma part, je ne peux oublier que du sang chrétien coule dans mes veines, et j'aime bien me définir maintenant, avec un certain sourire, bouddhiste de tradition chrétienne (comme d'autres sont bouddhistes de tradition taoïste ou bön). Cela signifie, entre autres, que la tradition bouddhique s'inscrit en moi dans un dialogue constant avec mes traditions juive, grecque et chrétienne. Et quand ce dialogue devient uniquement intellectuel et affolant, je m'en remets à une ultime recherche: je m'assieds en silence sur un coussin de méditation, et j'observe sereinement mes *pensées*.

Pierre Pelletier

Lise Baroni
Théologienne
Un. Montréal

Dieu, itinérance infinie

Lu 2006-08-15

L'automne dernier, sur le quai d'une gare, au terme d'un voyage qui avait duré 16 heures, mon attention fut attirée par une femme semblant attendre qu'on la remarque enfin. Seule, au milieu de quelques bagages, elle ne savait pas où elle arrivait, elle n'avait aucun endroit où aller et espérait trouver du travail, à l'encontre de tout bon sens, dans ce petit village gaspésien qui s'apprêtait à fermer pour l'hiver. Était-ce son mode de vie habituel? Une fuite de quelqu'un ou quelque chose? Je ne sais... mais visiblement, cette jeune femme était une itinérante. Peut-être a-t-elle fait écho à ma propre itinérance, car tout de suite j'ai ressenti de la tendresse pour elle.

Personnellement, je crois donner l'image d'une personne déterminée, sûre d'elle-même. Déterminée, je le suis, mais assurée? D'aussi loin que je me souvienne, j'ai toujours été en quête de signification et de sens: de mon existence, de celle des autres, principalement des plus pauvres, de ce monde si beau et si absurde, de la religion si salutaire et si dangereuse, des dieux et du Dieu chrétien lui-même. Encore aujourd'hui, il m'arrive de ne pas savoir où aller, quelle route emprunter, ni dans quel cul-de-sac je risque d'aboutir.

Devant les informations que je lui donnais, la jeune femme s'est écriée: «Peut-être que je viens de m'embarquer dans une bien mauvaise affaire!»

Ai-je toujours fait les bons choix? Je ne sais pas. Il me semble avoir suivi de longs détours. Même si cela m'est encore difficile, j'essaie de n'en regretter aucun, car, à chaque fois, c'est l'amour, parfois sa folie même, qui m'a guidée. Je constate, en vieillissant, qu'aucun passage ne m'a été inutile. Mais je sais aussi que ni l'amour ni Dieu n'empêchent d'errer. Où ai-je lu cette phrase de Maurice Blondel? «On veut infiniment plus qu'on ne trouve, mais on cherche seulement où l'on voudrait trouver.» Tous les chemins que j'ai parcourus, toutes les batailles que j'ai menées, toutes les questions qui m'ont tenaillée, toutes les rages qui m'ont habitée, toutes les solidarités qui m'ont sollicitée concernent la foi. Croire n'est pas, pour moi, un acte de pure adhésion intellectuelle, mais d'amour, d'espoir et d'engagement. C'est un acte intégrateur de ce qui me passionne et me fait vivre. Perdre la foi en quelqu'un ou en quelque chose, c'est m'éteindre et mourir à cette personne ou à cette chose. Dieu est pour moi une question vitale. Pour le trouver et le *com-prendre* (prendre avec), comme le dit encore Blondel, ce n'est pas la tête qu'il faut se casser, c'est le cœur.

Pourquoi cette insistance qui confine aux limites du tragique? Peut-être parce que Dieu m'est à la fois familier et étranger, rébarbatif et tendre, lointain et intime, Tout et Rien. Cette fascination m'entraîne dans une sorte d'*itinerrance*[1] sans fin. Comme si la route se présentait tantôt comme un espace immense entre doutes et certitudes, tantôt comme un chemin

[1] Une expression employée par Jacques Salomé dans *Le courage d'être soi*, Paris, Éditions du Relié, 1999, p. 19.

étroit où se confrontent intuitions, observations et expériences. J'évolue entre une recherche acharnée, parfois fébrile, de la liberté et de la justice, et le désir de me reposer amoureusement dans l'espace d'une infinie tendresse. Qui est en fait ce Dieu qui, marquant mon itinéraire, définit également mon errance? À moins qu'il en soit la cause? Ou l'errance même? Ou encore, que ce *Il* soit *Elle*? D'entrée de jeu, je m'arrête à cette dernière question: comment en suis-je venue à penser que Dieu était une femme? Trois étapes m'ont conduite à cette conviction. La quatrième présentera, sous un autre angle, les lieux actuels de mon itinérance croyante.

1) Quand une mère apprend à sa fille l'intelligence de l'expérience féminine

Issue d'un milieu populaire, je suis l'aînée d'une famille de 13 enfants, dont 10 sont des filles. Toute jeune encore, ne pas comprendre me bouleverse. Pourquoi sommes-nous si pauvres? Pourquoi mon père, ouvrier dans une usine de goudron, est-il malade toutes les nuits? Pourquoi, lui si bon, ne supporte-t-il pas de voir ma mère prier à genoux au pied de son lit? Pourquoi les filles ne peuvent-elles pas servir la messe comme les garçons? À travers les débats qui opposent mes parents, je comprends que les réponses ne seront pas données; il me faudra les risquer.

De mon père, je garderai l'indignation contre tout absolutisme moral «jusque dans notre chambre à coucher», disait-il. De ma mère, j'ai appris le goût du recueillement et de l'intériorité. Plus calme et plus posée, elle continue de se rendre aux célébrations du dimanche. Je l'accompagne. Sa façon de prier sans ostentation ni fausseté m'impressionne. Au retour de l'église, nous parlons de tout et de rien mais souvent de religion. Un jour, alors enceinte de 7 mois, elle me dit: «Je refuse de jeûner comme on l'exige et j'irai quand même communier; tu sais, ma grande, les curés n'ont pas toujours raison; un homme ne sait pas ce qu'implique rendre un enfant dans sa pleine grosseur.»

Je réalisais la densité de signification que recèle une expérience féminine *spirituellement* réinterprétée. Laboratoires de sens où le cœur, le corps et l'esprit s'enrichissent mutuellement, certaines expériences religieuses vécues par des femmes engendrent une nouvelle intelligence des choses de la foi. Celle de ma mère m'a appris que Dieu-Père, tout Absolu qu'il est, ne contient pas l'*entièreté* de la réalité humaine. Désormais, pour moi, la vie rattrapait et dépassait la loi religieuse. Ma conception de Dieu était fracturée; par la brèche s'introduisait la conviction que Dieu pouvait *apprendre* et recevoir de ses filles. À partir de ce moment, aucun homme d'église n'exerça un pouvoir indu sur ma vie.

2) Quand Dieu récupère la part féminine de son être

Beaucoup plus tard, devenue travailleuse sociale, je travaillerai avec des femmes chefs de famille assistées sociales. Ces dix années m'ont fait côtoyer le meilleur et le pire de l'itinérance psychologique, sociale, économique et religieuse. J'y ai vu l'errance dans les dédales d'inconscients blessés, dans la froideur bureaucratique d'organismes gouvernementaux, dans le cul-de-sac économique jobine/chômage/aide sociale et dans une perversité religieuse alimentée par un perpétuel va-et-vient entre la culpabilité et la révolte.

Prétentieusement, je me croyais plus solide. Après tout, je venais tout juste de terminer un baccalauréat en théologie. J'avais des choses à dire, à *leur* dire... pour *leur* libération. La réaction fut rapide: «Mets de côté tes grands mots... et parle-nous surtout pas d'un homme bon et tendre ni de l'amour d'un Père... Quant à l'Église, on en reparlera quand elle sera moins riche.» J'ai alors 33 ans; un autre carrefour. Comme l'itinérante de la gare de Percé, je ne savais pas où je débarquais ni où il fallait me diriger. Ma propre relation à Dieu erra un bon moment. Comment parler de Jésus sauveur et d'un Père accueillant à des femmes abandonnées, abusées par des hommes prétendument leurs amants et pères de leurs enfants? Comment les convier en vérité à une table eucharistique autour d'un homme qui, bien malgré lui, rappelait cet autre qui les avait laissées sans pain? Comment parler d'une Bonne Nouvelle quand la vie est un flot intarissable de mauvaises nouvelles?

Par ailleurs, j'observais ces mères risquer leur santé pour nourrir leurs enfants, porter jusqu'à l'usure les mêmes vêtements, refuser les distractions payantes et, s'il le fallait, accepter l'humiliation du «panier de dépannage». «Moi, ce n'est pas grave; c'est pour les enfants.» Chaque jour, elles sacrifiaient un peu de leur vie. Dieu se faisait Mère Providence à travers la patiente énergie de ces femmes données. Elles m'ont fait la démonstration incontestable de la sensibilité de Dieu, de la folie de son don et de l'insatiabilité de son amour. Désormais, je ne me représenterai plus Dieu sans une conscience vive de la part féminine qu'il recèle. Emmitouflée dans cette certitude reposante, ma quête s'apaisa pendant plusieurs années.

3) Quand Dieu change tout bonnement de sexe

Devenir théologienne célébra la réalisation du rêve qui habitait déjà mes 16 ans. Mais contrairement à ce qu'on croit trop souvent, la connaissance amplifie le mystère. Plus on s'en approche, plus il s'enfonce, plus il fuit. Mon errance se creusa.

Encore novice dans le métier, je mène avec d'autres une recherche féministe de grande ampleur[2]. Je dois faire face à ce que je n'hésite pas à appeler un scandale, à moins que ce ne soit plutôt un dilemme fondamental: Peut-on sortir Dieu du fond patriarcal d'injustices et de perversités dans lequel trop de religions l'ont enlisé depuis des millénaires?

> Est-il un mot du langage des hommes qui ait été plus abusivement utilisé que celui de Dieu? Un mot qui ait été autant souillé, autant violé que celui-ci? Tout ce sang versé en son nom a terni son éclat. Toutes les injustices qu'il a dû couvrir lui ont ôté de son poids. Lorsque j'entends nommer le Très-Haut «Dieu», cela sonne à mes oreilles comme un blasphème.

C'est un vieux philosophe, ami de Martin Buber, qui s'indigne ainsi. La réponse de ce dernier me trouble toujours.

> Oui, c'est le mot le plus chargé de tous les mots humains. Pas un qui n'ait été aussi souillé, aussi lacéré. C'est précisément la raison pour laquelle je ne puis y renoncer [...]. Il n'est pas en notre pouvoir de purifier le

[2] Je fais allusion ici à la recherche menée, à travers le Canada français, auprès de 225 femmes et qui a été publiée sous le titre *Voix de femmes. Voies de passage* par Lise Baroni, Yvonne Bergeron, Pierrette Daviau et Micheline Lagüe, Montréal, Paulines, 1995.

> mot «Dieu», pas plus que de lui restituer son intégrité, mais nous pouvons, tel qu'il est, souillé et déchiré, le relever de terre et le dresser pendant une heure de grande inquiétude[3].

Voilà, pour moi, la matière de cette *itinerrance*, de longues heures d'une «grande inquiétude». Surtout lorsque Augustin affirme que «si tu comprends ce que tu dis, ce n'est pas Dieu[4]». Pourtant, quoi qu'en ait dit ce prestigieux personnage, je n'abandonnai pas. Humblement, mais avec acharnement, j'ai, une fois de plus, tenté de «relever de terre» ce féminin enfoui dans le mystère de Dieu. Quelques mystiques chrétiens m'ont inspirée mais aussi grandement intriguée. Ces prières, parmi d'autres, m'ont fait particulièrement réfléchir.

> Vous êtes Père, vous êtes Mère, vous êtes mâle et vous êtes femelle. (Synésios, évêque de Libye, Ve siècle)
>
> Mais vous, Jésus, notre Seigneur, n'êtes-vous pas aussi une mère? N'êtes-vous pas cette mère qui, comme une poule, rassemble ses poussins sous son aile? Vraiment, Maître, vous êtes une mère! (Saint Anselme, XIe siècle)
>
> Tu as mis à nu les seins de ta douceur, premiers aliments de ta grâce. (Guillaume de Saint-Thierry, XIIe siècle)
>
> Non seulement Seigneur vous nourrissez ceux qui sont présents du lait de la douceur intérieure, mais vous répandez sur les absents l'odeur agréable d'une bonne réputation [...]. Vous avez du lait, dis-je, à l'intérieur et à l'extérieur vous répandez des parfums. (Bernard de Clairvaux, XIIe siècle)

---

[3] Cité par Elizabeth A. Johnson, *Dieu au-delà du masculin et du féminin. Celui/celle qui est*, Paris/Montréal, Cerf/Paulines, 1999, pp. 73-74.

[4] *Ibid.*, p. 14.

> Notre Seigneur montrant le très aimable sein de son divin amour [...] il serre l'âme, la presse et la colle de ses lèvres de suavité et sur sa délicieuse poitrine, la baisant du sacré baiser de sa bouche, et lui faisant savourer ses mamelles meilleures que le vin. (François de Sales, XVIe siècle)[5]

Aucun de ces hommes ne peut être taxé de féminisme. Ils ne faisaient que relire les Écritures à la lumière de leur expérience spirituelle. Il me semble que ces éloquents témoignages confirment l'importance de redonner à Dieu sa part de féminité. Lorsque le cœur humain cherche Dieu, il ne peut l'imaginer autrement que par les voies à travers lesquelles il a lui-même reçu l'amour et par lesquelles il se sent appelé à le redonner, habituellement, celles de la rencontre entre un homme et une femme. J'ai découvert alors qu'une sorte d'héritage féminin, issu d'un imaginaire religieux érotique, avait traversé toute l'histoire de la représentation de Dieu dans le christianisme.

Cela me touche et me choque à la fois. La beauté du désir de ces hommes émeut; elle se manifeste avec tendresse sans pudibonderie ni glissement pervers. Mais le détournement, l'évitement, voire la négation de la femme réelle choque. Comme si une projection transsexuelle sur Dieu rendait inutile et sans signification la moitié de l'humanité. Comme si la masculinité était en elle-même complète puisque Dieu comblait la différence. Comme si le vécu féminin n'était qu'une image ou une métaphore utile mais accessoire, et non l'expérience de personnes authentiques

[5] On trouvera les trois premières citations dans Virginia Ramey Mollenkott, *Dieu au féminin. Images féminines de Dieu dans la Bible*, Montréal, Paulines, 1990, pp. 22, 112, 119 et les deux dernières dans Michel Cazenave, *La face féminine de Dieu*, Paris, Noêsis, 1999, pp. 118, 120, 121.

capables de transmettre avec profit leur propre sagesse du corps et du cœur. J'irai plus loin. On aura beau, à la suite de plusieurs mystiques, voir en Jésus une mère, cela ne changera pas le fait que son expérience est masculine. Ce qu'il a vécu dans son corps d'homme ne pourra jamais remplacer ce qu'une femme vit dans son corps lorsqu'elle perd du sang, porte un enfant, accouche, allaite et materne.

Une réponse claire émergea enfin. Il ne suffit plus d'accoler des images féminines sur Dieu, ni même de trouver les traits féminins d'une divinité masculine; il s'agit d'arriver à se représenter Dieu comme une femme aussi complètement et aussi entièrement qu'on se le représente lorsqu'on le voit comme un homme. Elle cherche sa drachme perdue tout autant qu'Il cherche la brebis égarée. Elle est tout autant Sagesse qu'Il est Logos. Elle est tout autant mère créatrice de vie qu'Il est prophète libérateur. Dieu est aussi *Dieue*; que cela fasse sourire m'importe peu. Ce «e» final a au moins l'avantage de faire ressortir la part muette qu'on cherche encore trop souvent à ignorer.

Certes, d'aucuns diraient que représenter le Dieu des chrétiens sous les traits d'une femme s'apparente à un retour aux antiques divinités païennes. Mais par ailleurs, peut-on nier sérieusement qu'imaginer Dieu au masculin et au féminin assure une traduction plus juste et plus contemporaine de la réalité telle qu'on l'appréhende aujourd'hui? À cet effet, la théologie féministe a instauré plus qu'un courant théologique parmi d'autres. «Lorsque les mots changent, le monde change et Dieu change[6].» Non seulement les discours traditionnels ont-ils été réinterprétés, mais une

[6] Juan Arias, *Un Dieu pour l'an 2000*, Montréal, Fides, 1999, p. 35.

nouvelle figure divine a émergé. Elle ouvre aux femmes une proximité et une identification avec Dieu qui autrefois s'avéraient tortueuses, voire impossibles. Une femme peut maintenant recevoir, en vérité, l'appel à devenir «image et ressemblance de *Dieue*».

Oui, je crois profondément tout cela. Et pourtant!... Suis-je plus avancée? Malgré tout, *aucune conclusion ne s'impose...*

La jeune inconnue était confuse. On lui avait expliqué qu'à Percé, un couvent de «bonnes sœurs» l'accueillerait sans doute. Quel imbroglio! Il s'agissait en fait du motel *Les Trois Sœurs*, endroit plutôt dispendieux pour une itinérante! Elle me demanda de la conduire au CLSC: «Ne viens pas avec moi; si je suis seule, ils seront obligés de m'aider.» Qu'est-ce au juste? Une dépendance? Un besoin d'autonomie? De toute façon, d'autres voies lui seront offertes... Parfois, de surprenantes avenues surgissent d'impasses débusquées...

Personnellement, je pense pouvoir dire en vérité que mes recherches féministes n'ont pas suscité en moi une dépendance idéologique. L'autonomie de pensée m'est trop essentielle. Mais une chose s'avère certaine: de nouveaux questionnements me forcent à reprendre la route... seule? Assurément pas, car l'amour est au rendez-vous de ma soixantaine. Quand même, des questions déjà posées théologiquement mais viscéralement inédites pour moi s'imposent à mon insatiable quête. Ainsi, depuis mon enfance jusqu'à l'horizon d'une retraite prochaine, en passant par mes engagements de jeune travailleuse, c'est la même errance qui se poursuit. Seule la lunette d'approche diffère.

4) Quand Dieu/e cesse d'être Tout-Puissant/e, les interrogations éclatent et se complexifient

Évoquer la divinité sous les traits d'une femme ne résout pas mon inconfort devant son éternité, son immuabilité, sa perfection. Cette totalité, ce plein me gêne. Je sais qu'en certains milieux religieux cette seule confidence provoquera un scandale. Pourquoi avoir pris le risque d'écrire sur un sujet aussi délicat? Peut-être Augustin a-t-il raison? Tenter de nommer l'innommable ne peut que faire entrer dans un bafouillage sans fin. Pourtant, le chemin est encore là devant moi... je dois poursuivre et tenter d'exprimer comment l'*Indicible* se présente à ma recherche actuelle. Bien que l'absence de recul rende l'entreprise hasardeuse, j'ose quand même présenter ici ces quelques balises de réflexion.

À la base, une hypothèse principale: on a souvent parlé d'un Dieu qui libère, mais aujourd'hui, il me semble urgent de *libérer Dieu/e*. On l'a confiné/e dans une totalité absolue. Éternelle, infinie et inaltérable, sa perfection n'était entachée par aucune limite. Or, je crois que Dieu/e connaît des limites sans pour autant qu'elles soient les nôtres. Car *Dieu/e est Dieu/e*. Et refuser toute différence et toute distance entre la condition divine et la condition humaine induit une fusion perverse qui n'aboutit qu'à une nouvelle totalité. Par ailleurs, l'enfermer dans une Raison Pure le projette en dehors de notre entendement et le transforme en une Idée qui ne trouve plus aucune complicité avec «le croyable disponible[7]» actuel. À tout prendre, je préfèrerais le Vide en tant qu'espace ouvert, plutôt qu'un Plein si plein qu'il n'a que faire

[7] Paul Ricœur, «Tâches de la communauté ecclésiale dans le monde moderne», dans *La théologie du renouveau*, Montréal/Paris, Fides/Cerf, 1968, p. 52.

de nos efforts. Pour moi, la divinité chrétienne a cette extraordinaire particularité de *s'immerger dans* et d'*émerger de* la condition humaine. À cause de cela, à mon avis, il existe en Dieu/e un certain nombre de *limitations divines*. Quelques-unes d'entre elles m'interpellent particulièrement. Je les évoquerai (trop) rapidement. Elles me sont particulièrement chères en ces temps où paradoxalement Dieu/e apparaît si *utilisé/e* et si absent/e.

On a dit que Dieu/e connaît tout du passé, du présent et de l'avenir. Or, nul ne maîtrise le futur, pas même le Très-Haut. Je ne crois pas qu'en un haut lieu hypothétique préexiste un plan divin tracé à l'avance pour nos vies. Pour l'unique raison que, présentement, l'avenir n'existe pas. Comme le dit François Varone: «Ce qui n'est pas encore, n'est pas du tout, n'est rien du tout. Et rien n'est pas, pour personne, un objet de connaissance, même divine. *Rien c'est rien*[8]!» Le futur apparaîtra lorsque nous le ferons. La vie qui surgira alors de notre liberté, voilà ce qui intéresse Dieu/e.

Également, je ne crois pas que la divinité chrétienne soit invulnérable et sans possibilité de changement. Si on croit qu'elle vit, il faut tenir qu'elle *bouge*. Si elle aime, elle souffre. Je refuse une divinité qui resterait froide devant la terreur mondiale actuelle. Elle s'exprimerait probablement comme cette jeune femme qui me téléphonait, au soir du 11 septembre dernier: «Je veux simplement te dire que j'ai le goût de pleurer.» J'aurais voulu la consoler comme on aimerait parfois consoler *Dieu/e*... Je songe aussi à ce chauffeur de taxi qui s'exclamait: «Si j'étais Dieu, je mourrais de honte!» Il pourrait travailler à New York, à Kaboul ou n'importe où ailleurs.

[8] *Ce Dieu absent qui fait problème*, Paris, Cerf, 1985, p. 114.

De plus, comment Dieu/e, qui ne connaît pas à l'avance les options à venir de notre liberté, pourrait-il/elle ne pas changer, s'il/si elle doit s'adapter à nos décisions humaines? Non pas pour s'y laisser enfermer (Dieu/e ne veut pas la guerre, par exemple) mais au contraire, envers et contre tout, pour y recréer l'espoir et l'imagination créatrice. On n'a qu'à lire la Bible pour se convaincre que l'histoire chrétienne est une longue suite de confrontations entre Dieu/e et son peuple. Et très souvent, l'un est surpris de la répartie de l'autre.

Conséquemment, je ne crois pas que Dieu/e veuille se passer des humains, de vous, de moi, pour créer, pour agir, pour sauver. Plus encore, je crois que sans notre réponse positive à son projet sur le monde, il/elle demeure *impuissant/e* et sans recours. Par ailleurs, je ne pense pas qu'il/elle attende que nous soyons parfaits pour coagir avec nous. Les chaos individuels et collectifs ne paralysent nullement son action, car son chemin privilégié est celui du cœur. C'est de la détermination de ceux et celles qui, sur la planète entière, dénoncent les processus de déshumanisation (tous, d'où qu'ils proviennent) que surgiront les miracles. J'aime penser que la toute-puissance de Dieu/e en est une d'amour plutôt que d'actes péremptoires posés dans nos vies.

Finalement, avec le théologien John B. Cobb, je ne crois pas que l'on puisse séparer Dieu/e et le monde actuel[9]. Certes, Dieu/e n'est pas le monde et le monde n'est pas Dieu/e. Mais leur incontournable association est inscrite dans le projet *toujours effectif* d'une incarnation encore en train de se réaliser. L'un ne peut se passer de l'autre. Je ne crois pas que les

---

[9] Voir André Gounelle, *Le dynamisme créateur de Dieu. Essai sur la théologie du Process*, Paris, Van Dieren, 2000, p. 60.

leaders du monde arrivent à réaliser le bonheur des peuples sans accepter de s'ouvrir aux désirs de transcendance qui se manifestent clairement chez nos contemporains. Cet appel de spiritualité correspond aux désirs de vérité, de courage, de justice et de paix qui habitent le meilleur de l'humanité. Plus que jamais, la quête de sens dépasse la sphère privée pour se faire sociale, politique et économique.

Je crois foncièrement qu'aux besoins des humains répond le désir de Dieu/e. Si les humains mendient l'aide des dieux, les dieux ne réalisent rien sans les humains. *Le christianisme n'échappe pas à cette limite.* Rien, absolument rien, n'est gagné à l'avance. L'Église officielle aura beau se proposer comme un phare qui guide dans la nuit (j'y vois plutôt une lumière aveuglante aussi *pleine* que son Dieu *plein*), rien n'est assuré, même le Royaume. Si le salut individuel ne peut advenir sans un engagement libre de la personne, comment croire que le salut collectif puisse arriver *indépendamment* d'une participation active de l'humanité? Peut-être le Nazaréen lui-même a-t-il eu cette conscience d'un inséparable destin? «Lorsque le Fils de l'Homme viendra, trouvera-t-il la foi sur la terre[10]?» Les humains auront-ils accompli leur part du boulot? Libérer Dieu/e de sa prétendue complétude apeure, car cela sollicite, de notre part, une énorme responsabilité. Mais la Liberté, la sienne et la nôtre, n'en vaut-elle pas le prix? Comment conclure? Chaque question en amène une autre. Prétendre exprimer Dieu/e m'aura fait entrer dans un balbutiement inégal et enchevêtré. Bien modestement, j'ai tenté de partager quelques lieux de cette incessante itinérance. Ma vie de foi n'est-elle qu'une errance sans fin? À moins que ce soit Dieu/e qui erre,

[10] Luc 18, 8b.

à la recherche de mon adhésion toujours fuyante? Je ne sais... Ce que je peux toutefois certifier, c'est que cette *présence/absence* me bouleverse. Je me sens face à elle comme devant l'homme de ma vie: confuse et maladroite devant tant d'amour, et, dans le même mouvement, passionnément éprise et engagée.

Après quelques jours, l'itinérante croisée à la gare de Percé a décidé de continuer sa route vers Gaspé. En micmac, Gaspé veut dire «bout de la terre». Droit devant, il n'y a que l'immensité de la mer... Semblablement, ma propre itinérance me conduira probablement, «au bout de *ma* terre»... Devant l'immensité de Dieu/e?... Qui sait?

Lise Baroni

Enfantement

As-tu été soumis au cautère du manque à vivre?
Quand tu es aux prises avec le mal obscur,
quand surgit de ton fond l'inguérissable blessure,
quand de la vanité tu ressens la morsure,
tu foules déjà le parvis du Temple,
et le sceau du sacré te marque de sa lumière.

Le malaise de l'absence est le langage de ta densité.
Gémir sur ta pauvreté, c'est nager dans l'abondance.
Avancer seul au cœur d'une nuit sans étoile,
c'est recevoir ton auréole des mains de la Beauté.

Pour l'élu, le prédestiné, pas de possible relâche!

Il est né libre, et néanmoins contraint d'obéir.
Il est autonome, et dépend de tous les siens.
Il a faim d'un amour qui l'engendre à la liberté,
mais combien rares sont
les expériences de gratuité!
Il est à la recherche de routes sûres et balisées,
et la révolte se lève en lui dès qu'il se sent encadré.
Il est à l'affût de pistes susceptibles de le conduire
au but quand mille liens l'enchaînent
et mille choix le déchirent.
On l'a éduqué à l'intérieur d'une loi
dont il est le prisonnier.

Les compensations sollicitent son âme en désarroi,
pourtant il ne respire que dans l'abnégation
et le don de soi.

Calvi (Corse)

Ses inspirations sont vastes comme l'empyrée,
mais il est brutalement ramené
au monotone quotidien.
Il est sollicité par la tiédeur et la médiocrité,
or la nostalgie le gagne, loin des cimes enviées.
Seule la déception l'éveille à la pérennité.

Il arrose de ses larmes ses rêves les plus beaux.
Il s'étiole devant ses désirs les plus hauts.
Ses racines font violence à la voûte des cieux[1].

Le degré d'insatisfaction que tu peux ressentir
révèle la richesse de l'humus où tu es planté.
Cet inconfort laisse entendre que tu autorises la vie
à détruire les idoles en bordure de tes sentiers.

En gestation de toi-même et sur le point de naître,
tu n'as d'attention que pour ta béance ouverte
à l'infini.
Ton âme réclame l'irruption du miracle inouï,
celui où rien ne change ni de toi ni de Dieu.

Le loisir de circuler sans heurt ni frayeur
est typique des itinéraires qui conduisent au néant.
L'action la plus intense est celle où tu t'arrêtes
pour devenir la proie du feu qui purifie[2].

Yves Girard

---

[1] «Ah! si tu déchirais les cieux et descendais.» (Is 65, 19)
[2] «Voici, cette braise a touché tes lèvres, ta faute est effacée.» (Is 6, 7)

Lève-toi et marche...

Hier encore, nous jouions en culottes courtes dans les ruelles poussiéreuses de Port-Alfred. La forêt n'était jamais loin; j'ai encore au nez l'odeur humide de sa mousse. C'était tout juste hier, je vous dis. Des décennies se sont pourtant écoulées. Et me voici en train de m'interroger sur le sens de la vie, avec la gravité qui convient, paraît-il, à la sagesse des aînés. Le temps file trop vite; il ne faut pas le gaspiller à poursuivre autre chose que le bonheur.

Je le dis d'entrée de jeu, le passage du temps n'a pas refroidi mon intérêt pour l'Évangile. Au contraire. L'Évangile ne cesse de me surprendre et de me provoquer. Par sa perpétuelle jeunesse et l'aventure révolutionnaire qu'il propose. Je ne m'interrogerai donc pas sur les grandes traditions spirituelles autres que chrétiennes. Je ne les connais pas suffisamment de l'intérieur pour éviter des questions ou un syncrétisme qui insulteraient à la fois leur propre vérité et celle de l'Évangile.

Je ne ferai pas, non plus, le récit de mon cheminement. En si peu de pages, le risque serait trop grand de caricaturer la vie. Cette vie dont l'expérience m'a appris qu'elle est toujours ombres et lumières, joie et souffrance, rires et pleurs mêlés. Je veux seulement partager la question que je porte aujourd'hui. J'allais dire: «la grande» question, tellement elle interpelle le vif de mon existence.

Difficile (ou impossible?) amour

Je dis d'abord ce qui est devenu pour moi une conviction: le seul enjeu éventuel de la spiritualité, de n'importe quelle spiritualité, c'est d'aider nos vies à rester... en vie. *Humainement* en vie. Et comme une vie n'est pas humaine hors l'amour, aucune spiritualité n'est en bonne santé si elle veille sur autre chose que l'épanouissement de nos amours humaines. D'où la question qui me tenaille: est-il vraiment *possible* que mon amour dure, traverse le temps tout en restant en vie? Non pas en se laissant porter par la morne inertie des habitudes, mais en accueillant chaque jour comme si chaque jour était le commencement de l'amour?

«Qu'il est difficile d'aimer...», chante Gilles Vigneault. Malgré ce que nous pouvons penser lorsque nous «tombons en amour», aimer ne va jamais de soi. Nous avons donc raison de rester critiques face à des visions édulcorées, et largement véhiculées, qui parlent du «cœur» de manière floue, molle et vaseuse, et réduisent l'amour à une sorte d'affectivité enrobante dont la chaleur veut se substituer à la liberté, surtout aux responsabilités de la liberté. Un amour non intelligent, non libre et non responsable, serait-ce encore de l'amour?

La question de l'amour m'a atteint encore plus profondément. Aux jours de déchirures plus graves, il m'est arrivé de me demander: l'amour est-il seulement possible? Il est tellement – et toujours – rempli d'illusions; réussit-il autre chose qu'à traîner ma vie d'illusions en désillusions?

Un chemin qui monte? Un chemin qui descend?

Avec le passage du temps, j'ai développé de fortes allergies. Me rendent profondément mal à l'aise, en particulier, tous les mouvements spirituels qui semblent trouver leur âme dans l'extraordinaire seul. Voilà pourquoi je n'ai jamais pu adhérer à certains groupes qui se réclament de l'Évangile et qui, dans leur découverte de la résurrection par exemple, ne me semblent pas avoir résisté aux mirages d'une «résurrectionnite aiguë»: «Jésus est ressuscité! Alléluia! Tu es ma sœur, je suis ton frère, embrassons-nous!»

Ma vie est-elle encore une vie humaine quand elle se laisse happer tout entière du côté de l'extraordinaire, du miraculeux? Le miracle, par définition, n'est pas le régime normal d'une existence humaine. La «résurrectionnite» (comme tous les «thaumaturgismes») n'est pas amoureuse de la condition concrète de mes amours, car elle invite à m'exiler hors de l'histoire – de la grande comme de ma petite histoire personnelle. Ce n'est donc pas moi qu'elle rejoint et peut nourrir, puisqu'elle ignore et méprise cette part de moi-même qui est de pauvreté, de souffrance, de déchirures, de deuils. Cherche-t-elle justification en la toute-puissance de celui qu'elle appelle peut-être Dieu? Un Dieu qui ne m'aimerait pas en tout ce que je suis n'est pas digne que je l'aime en *tout* ce que je suis.

Une chose me semble claire: l'amour est illusion et aliénation si ce n'est pas du creux de mes limites, de mes égoïsmes et de mes souffrances que je cherche à vivre une possible tendresse. L'enjeu est grave. Comment vivre l'amour s'il faut, pour y parvenir, m'épuiser à étouffer les cris de souffrance qui montent du dedans ou m'assaillent du dehors? Et comment accueillir les peines et la douleur d'autrui, comment accompagner les autres sur un chemin que nous voulons, eux et moi, chemin de vie, si je dois imposer silence à mes propres déchirures, taire les morts que mon amour est invité à vivre?

J'ai longtemps pensé que la sagesse évangélique engageait sur un chemin de montée. Certes, des épreuves se dressaient et entravaient ma progression vers l'Amour – à écrire avec un grand A, s'il vous plaît! La victoire sur les épreuves me donnerait cependant d'aller de plus en plus haut. Une fois tel obstacle vaincu, un nouvel échelon serait gravi et ma vie prendrait un peu plus d'altitude.

L'expérience – particulièrement une maladie qui m'accompagne fidèlement depuis plus de 40 ans – m'a fait découvrir autrement l'Évangile: la suite de Jésus engage dans une direction inverse, dans un *mouvement vers le bas*. L'affirmation peut surprendre; j'ai mis longtemps avant de me la formuler à moi-même.

La spiritualité évangélique doit un respect aussi plein que possible à l'humanité de Jésus. En évitant surtout de regarder cet homme «en tout semblable aux hommes» en chaussant les lunettes d'une foi d'après-la-résurrection. Il vaudrait mieux découvrir son cheminement, ce qu'il a vécu, fait et dit, sa quête et ses découvertes, le poids de ses souffrances et de ses doutes. Et descendre avec lui jusque dans la mort?

Jésus donne sa vie parce qu'une certitude l'habite, plus forte que toutes les illusions et désillusions de la vie. Plus forte que toutes les promesses des pouvoirs humains de l'argent, de la politique, de la religion. Jésus est sûr d'une chose: celui qu'il appelle Dieu est

Dieu de tendresse, et cette tendresse est seule capable de libérer les humains, de les faire naître à l'amour. Tout entier aux «affaires de son Père», il fut tout entier aux affaires des humains, les aimant jusqu'à épuisement, mourant à force de les aimer. Mais voilà! C'est justement la puissance de sa certitude qui le conduit à la mort sur la croix. Cette certitude, mais aussi le feu qu'elle allume, véritable révolution dont se sont mis à s'inquiéter les pouvoirs en place.

Son Dieu – qu'il appelle «mon Père!» – se conduit pourtant d'une manière apparemment cruelle. Sur la croix, déchiré dans son corps et dans son cœur, abandonné de tous, y compris de ses disciples qu'il a tant aimés, en cet instant même Jésus vit la plus douloureuse de ses déchirures: son Dieu de tendresse l'abandonne. «Mon Dieu! Mon Dieu! Pourquoi m'as-tu abandonné?»

Voilà comment la vie de l'homme-Jésus, loin de décrire un chemin de montée, s'abîme dans l'extrême, en bas. Elle ne décrit pas des avancées irrésistibles, une victoire de la vie sur la mort. Sur quoi se conclut-elle? Sur un échec. Un échec total. Il annonçait une ouverture des tombeaux; le voici lui-même sous l'emprise apparemment souveraine de la mort. Il parlait d'une grande famille de sœurs et de frères; il est maintenant emmuré dans l'isolement. Il croyait en un Dieu d'amour; cette tendresse vient de le trahir.

Ce n'est pas donc dans l'Évangile qu'on trouvera la garantie de spiritualités assurant une entrée immédiate dans la Vie. Sans passage par la mort, mort du corps ou mort de nos amours.

S'habiter soi-même

Il y a tant de souffrance en notre monde. Je fais justement route, ces temps-ci, avec des personnes dont l'amour vit de graves et crucifiantes déchirures. J'aimerais bien les «consoler» – et me consoler moi-même? – en leur proposant une voie de montée vers le plus haut des sommets. Mais serais-je fidèle à l'Évangile? La vérité de la vie de Jésus, c'est qu'elle descend jusque dans les abîmes de la mort, jusque dans les abîmes du monstrueux égoïsme des humains. Et jusque dans le mortel silence d'un Dieu absent. Jésus est donc loin d'autoriser une fuite hors du corps, de l'esprit, du cœur, hors de tout ce qui constitue notre humaine condition. La suite de Jésus exige que je sois vrai avec moi-même, sans mensonge sur moi-même. Et c'est tout un travail que d'habiter sa vie sans tricherie, à la manière de Jésus.

Habiter, bien sûr, ce qu'il y a en moi de beau et de bon – un fond de générosité qui ouvre aux autres, par exemple, ou mon corps si beau lorsque, par lui et en lui, la tendresse trouve les gestes qu'il faut. Habiter aussi la beauté de nos réussites collectives. En être fier. Fier des mains qui s'ouvrent et se tendent vers les autres, des luttes qui transgressent les frontières injustement dressées, frontières politiques, économiques, religieuses. Fier, en un mot, de tous les combats menés pour que notre terre soit un peu plus généreuse pour tous.

Malheureusement (ou heureusement?), s'habiter, faire sans tricherie la vérité sur soi, ce n'est pas uniquement partir vers le beau et le bon. Ou vers le «valorisant» – comme invitent à le penser tant de nos psycho-pops et pop-spiritualités. Je rencontre aussi, chemin faisant, la face obscure de ce que je suis dans le quotidien de ma vie. Mes pauvretés et mes petitesses. Les limites d'un corps marqué, comme au fer rouge, par une mort qui y est déjà à l'œuvre. Je rencontre surtout la part d'illusion inextricablement mêlée à mes amours. Et ma part de trahison.

Et dessous, sous mon amour et ses illusions, il y a la violence. Volonté violente, qui m'épuise et me tue, de me fabriquer moi-même par moi-même, à la seule force de mes poignets. Malgré tout et malgré les autres. Trop souvent au détriment des autres. Violence aujourd'hui exacerbée par le culte du «Me, myself and I». Culte d'un je exécrable et mortifère, tellement il s'enroule sur lui-même et peut détruire autrui. «Mortifère», le terme n'est pas exagéré. La violence trouve tant de façons d'éliminer les autres, dès que leur étrangeté menace mon territoire, ma possession de la vérité. Un seul regard suffit à tuer l'autre, quand il est d'ignorance et de mépris. Il y a des regards qui voient... mais sans regarder vraiment, comme si l'autre n'était pas là, n'existait pas dans son inviolable originalité. Il y a des regards méprisants, qui peuvent blesser mortellement en l'autre ce qui lui reste de fierté, tuer jusqu'à son désir de devenir quelqu'un. Surtout lorsque ce regard tombe sur un pauvre qui lutte et peine pour émerger enfin à son humanité.

Je le confesse, il est des jours où, pour «avoir enfin la paix!», l'envie me vient de me construire un cocon protecteur où mettre à l'abri ma petite vie et ses petites affaires. Un tel repli est toutefois illusoire: les moyens de communication, la télévision surtout, briment mes appétits de confort en me rendant proches les souffrances les plus lointaines. Déchirements du tissu familial, jusqu'à dresser époux contre épouse, enfants contre parents, frère contre frère. Sort intolérable que nous réservons aux marginaux de nos systèmes. Égoïsmes collectifs, sans souci de partage, qui distribuent les richesses au profit de certains et au détriment des autres. Ici et là, mais en de trop nombreux lieux de notre terre, guerres — jusqu'au fanatisme — des orthodoxies religieuses. Bruit assourdissant des armes, qui sèment fureurs et malheurs, mettent à feu et à sang tant de nations.

La «dolorite aiguë»

Autant je suis allergique à toute spiritualité qui invite à s'installer dans le merveilleux, autant je refuse les spiritualités que j'assimile à ce que j'appellerais de la «dolorite aiguë», qui canonisent en fait les limites, les souffrances et la mort, et, en cela, incitent à la passivité, à la démission, à la soumission, au fatalisme face à un «cruel destin». Malgré ce qu'on entend trop souvent dire en milieux traditionnellement chrétiens, je ne crois pas que le christianisme ait là-dessus quelque monopole que ce soit. Mais il est vrai que notre héritage chrétien immédiat fournit ici une bonne illustration.

Ma propre éducation m'autorise à en témoigner; nous avons privilégié jusqu'à l'exclusive les récits décrivant la passion de Jésus, ses souffrances, sa mort sur une croix. Comme si *toute* la vérité de son existence s'épuisait là, en cette longue et terrible descente dans l'abîme. Conséquence inéluctable, nous avons prôné une valorisation de la souffrance pour elle-même, du renoncement (ne sommes-nous pas «nés pour un petit pain»?) et de mérites qui rapportent d'autant plus qu'ils sont plus chèrement payés («il faut mériter son ciel!», comme on disait).

La dolorite, loin de proclamer la bonne nouvelle d'un amour possible, affirme concrètement l'échec du projet de Jésus. Si tout s'arrête à la mort sur la croix, en effet, l'existence de Jésus arrive à un point final. Comme pour tout être humain, le dernier chapitre de son existence a été écrit, le livre vient de se fermer. Ce qui est donc vrai, c'est que la mort a eu — encore une fois — le dernier mot sur la vie. Et les promesses d'une possible tendresse sont illusion et mensonge.

On me dira que nous pouvons au moins nous souvenir de Jésus, garder mémoire de son exemplaire humanité. Mais sous le mode, justement, de l'exemple, d'un modèle à imiter. Est-ce à l'imitation d'un modèle, fût-il sublime, que la spiritualité évangélique invite? Qui dit imitation d'un modèle établit inévitablement une *extériorité* entre l'imitateur et l'imité, une extériorité d'autant plus insurmontable que le modèle est présenté comme «sublime». Le modèle est là dans sa pureté de modèle, et je suis ici, essayant de reproduire tant bien que mal, mais toujours maladroitement, les traits que j'admire en lui. Voilà où le bât blesse. Je décide de marcher à la suite du Sublime Exemple. Mais c'est une marche désespérante: plus j'avance, plus je tends à vivre les limites de mon amour (jamais sublime, lui) comme cela même qui me tient éloigné du Modèle.

Une possible tendresse

Je l'ai compris depuis longtemps, je pense, la fuite vers «le haut» et l'enfermement dans «le bas» engagent la vie dans un seul et même cul-de-sac, et, loin de servir la vitalité de mes amours, alimentent la désespérance. Sur quelle voie l'Évangile engage-t-il la vie pour que l'amour de soi et des autres soit autre chose qu'un impossible rêve?

Dieu que j'ai mis du temps à le voir! À le voir de l'intérieur, oserais-je dire, d'une manière qui bouleverse aujourd'hui le plus intime de mon existence. Ce qui est au cœur de la proposition évangélique, c'est la Pâque! Non pas la seule mort sur la croix. Ni seulement la vie glorieuse d'après la résurrection. Mais la Pâque, *le Grand Passage*, vécu en Jésus Christ, de la mort à la vie, de l'égoïsme à la tendresse.

Ce que nous avons peut-être mal appris et que je comprends un peu mieux, c'est que Jésus fut un homme libre. Libre jusqu'au bout de sa vie, jusque dans la plus insupportable de ses déchirures. Il n'est pas allé son chemin vers la mort par soumission à la dictée d'un Dieu-tyran, qui aimerait la mort et les puissances de mort (ce que tant de nos attitudes apprises laissent concrètement entendre: «Qu'est-ce que j'ai fait au Bon Dieu pour qu'il m'envoie cette épreuve?», ou pire encore: «Pourquoi Dieu me punit-il si durement?»). Jésus va son chemin en homme libre: «Ma vie, personne ne me l'enlève. *Je m'en dessaisis de moi-même.*» (cf. Jn 10, 18) Personne (même pas, surtout pas Dieu) n'a pu se substituer à la liberté de l'homme-Jésus.

Et voici que monte, sur la croix, le dernier grand cri de Jésus. Le plus libre et le plus bouleversant. Le plus *dé-routant* aussi, c'est-à-dire celui qui engage probablement notre amour sur une route «autre». Du fond de l'épaisse nuit dans laquelle il est plongé, dans l'assourdissant silence de son Dieu, jaillit la plus libre des décisions de l'homme-Jésus: «*Père! entre tes mains je remets mon esprit...*» Tout à fait seul, ne pouvant plus compter sur personne, même pas sur son Dieu, Jésus décide encore en faveur de Dieu. Plus justement et de manière troublante, il décide en faveur d'un Dieu-*Père*, en faveur d'une tendresse engendrante. «Père! tu m'as abandonné. Mais je décide de ne pas t'abandonner. Je remets ma vie et ma mort entre tes mains. Et dans ton insupportable silence, je m'entête à croire que ton amour est fidèle, fidèlement présent à ma mort même, qu'il ouvre l'abîme où je suis enfermé. Dieu! je confesse que tu es mon Père et je décide librement, jusqu'au bout, de me *recevoir de toi.*»

Dessaisissement. Lâcher-prise. L'abandon de Jésus sur la croix déroute notre entendement humain. Ne sommes-nous pas portés à n'y voir qu'ultime démission et soumission totale? La fidélité de Jésus vient pourtant d'entrer dans un plein espace que rien ni personne d'autre, même pas Dieu, ne peut occuper à sa place. Et la liberté de Jésus décide d'habiter cet espace. En lâchant prise. Voilà bien la plus libre des décisions de cet homme. Probablement, aussi, la plus responsable et la plus difficile.

«*C'est pourquoi* Dieu l'a souverainement exalté», affirme l'épître aux Philippiens (2, 8-11). Le «c'est pourquoi» est devenu pour moi d'une importance capitale. Il affirme que la résurrection n'est pas un acte de Dieu qui intervient comme magiquement, indépendamment des libres décisions de Jésus. Et indépendamment du mouvement que décrit sa vie. Au contraire! C'est *ce mouvement-là* – ce vertigineux mouvement de descente – que la résurrection a «souverainement exalté». C'est la libre décision de tout vivre en la tendresse de Dieu. Tout. Même l'extrême, en bas. Même ce pire des abîmes, l'abîme de l'absence de Dieu.

En la résurrection de Jésus, Dieu ne canonise pas le mouvement de descente vers la mort – son Dieu, comme Jésus l'a affirmé par toute sa vie, n'aime pas la mort, ni les puissances qui y précipitent. Ce que Dieu aime, c'est le dessaisissement filial que l'homme-Jésus décide librement de vivre dans son mouvement vers les abîmes. À la résurrection, l'abîme *s'ouvre* de l'intérieur et devient *passage* vers la vie. Passage de la vie, plutôt. «La vérité vraie de ma vie, clame le dernier cri de Jésus sur la croix, ce n'est pas la mort que j'affronte. Ma vérité vraie, c'est ma décision en faveur d'une tendresse qui visite, habite et *fait déjà vivre* – même si je ne sais ni pourquoi ni comment – ma descente aux enfers.» Voilà ce que le Père reconnaît et bénit. Il bénit le libre amour de Jésus qui entre dans la mort en décidant de vivre cette mort comme une rencontre avec la tendresse de son Dieu.

La résurrection ratifie éternellement la blessure mortelle que la liberté de Jésus inflige à la mort. Il ratifie éternellement cette ouverture, cette percée, cette brèche. Il la ratifie éternellement, c'est-à-dire maintenant, *en tous ces jours qui sont nos jours à nous*. Étant bien entendu que l'éternité n'est pas éternité si elle ne commence que demain, ou après-demain, ou une fois clos le livre de nos vies. *Éternel Passant*. Tel est le nom de celui sur lequel je décide aujourd'hui de parier ma vie. J'accueille Jésus Christ sous le mode... du chemin («Je suis le chemin, la vérité et la vie»). Et ce chemin-là n'est jamais parfaitement balisé, hors risques, de tranquille sécurité. Il n'obéit pas à un tracé minutieusement détaillé, sans surprises – bonnes ou mauvaises. Malgré mes espoirs qu'il en soit autrement, le Grand Passage ne met pas à l'abri des souffrances, ne garde pas contre la mort et les deuils. La Pâque, en un mot, ne dit pas que je suis – enfin! – parvenu de l'autre côté du temps des humains. Je confesse plutôt une *brèche*, une ouverture. La possibilité que m'offre l'Éternel Passant de toujours — à chaque jour — passer moi-même de la mort à la vie, de l'égoïsme à la tendresse. Je confesse une tendresse qui *ouvre la voie à la tendresse.*

S'il est un acquis auquel les personnes et les collectivités d'aujourd'hui ne peuvent (ni ne doivent!) renoncer, c'est bien la liberté de leur conscience, la dignité et la responsabilité de leurs libres décisions. Il m'est impossible d'entrer ici dans l'immense question — à laquelle nous sommes pourtant tous et toutes confrontés — des rapports entre la spiritualité et notre liberté. Mais si les chrétiens veulent parler d'une «suite de Jésus», ils sont entraînés à descendre, comme lui, jusqu'en ce lieu de leur liberté inaliénable, au cœur de leurs décisions. L'amour m'attend dans l'«ici et maintenant» des passages, même les plus douloureux, que la vie m'invite à vivre. Et donc dans l'ici et maintenant de mes responsabilités en faveur de l'amour. M'est offerte la possibilité d'entrer dans la brèche qui tue la mort; la responsabilité de mes décisions est pourtant — et totalement — remise entre mes mains. Personne, même et surtout pas «Dieu», ne peut assumer cette responsabilité à ma place.

Réussir sa vie

Mille et un facteurs font que nous menons nos jours de bien curieuse manière. Je mène ma vie de bien étrange manière quand je ne me permets pas d'habiter mes fragilités, mes incertitudes, mes doutes. Quand je refuse de descendre jusqu'en ces lieux d'obscurité où rôdent, je le soupçonne, un égoïsme apparemment indéracinable et toutes mes envies de rejet des autres, de l'autre, des étrangers. Je préfère jouer au pur.

Notre monde glorifie les performants. Entendons: ceux et celles qui réussissent dans le sport, les affaires, la recherche intellectuelle, la vertu... Et nous nous jugeons nous-mêmes selon l'étape où nous sommes rendus dans un parcours d'excellence programmé d'avance, par d'autres ou par nous.

En ce moment de ma vie, je pense avoir compris qu'une existence humaine réussie ne s'évalue pas selon la performance et les accomplissements. «Ce ne sont pas les bien-portants qui ont besoin de médecin, mais les malades; je suis venu appeler non pas les justes, mais les pécheurs.» (Mc 2, 17) Si cette parole dit vrai, j'engage ma vie dans un cul-de-sac dès que je fais semblant d'être un pur et m'autoproclame juste, riche de la justesse de mes engagements et accomplissements. Je me drape dans ma satisfaction de bien-portant. Je n'ai donc pas besoin de médecin! Et ce n'est pas pour moi, si bien-portant, que Jésus est venu, ce n'est pas moi qu'il appelle.

Paradoxale logique de l'Évangile. «Malheureux, vous les riches, les justes, les bien-pensants et les bien-portants! Malheureux, vous qui n'êtes pas en travail de tendresse! Mais heureux, vous que la vie a meurtris, les brebis perdues, les mal-aimés et les mal-aimants! Je ne suis venu que pour vous, c'est vous que j'appelle.»

L'*Hymne à l'amour* (1 Co 13), si souvent entendu, se conclut ainsi: l'amour «ne disparaît jamais»; «maintenant donc ces trois-là demeurent, la foi, l'espérance et l'amour, *mais l'amour est le plus grand*». Ces mots-là disent des choses trop belles, pourra-t-on aisément rétorquer. Ce ne sont que des mots... Comment ne pas accueillir et comprendre semblable scepticisme? Personne, je le crains, ne peut présenter sa vie avec l'assurance qu'elle respire d'une tendresse pleine. «L'amour est plus grand» que la foi et l'espérance? Comme il faut de la foi et de l'espérance, pourtant – surtout aux jours de grandes déchirures –, pour ne pas abandonner notre décision en faveur de la tendresse. Pour continuer d'en faire le centre et le tout de mon existence. Car mon amour est toujours et tellement fragile, le souffle court, mélange d'ouverture généreuse et de frileux replis. Il blesse aussi, et trop souvent. De blessures parfois mortelles. «Que celui qui est sans péché lui jette la première pierre...»

Ainsi va la vie de nos amours. Faut-il pour autant démissionner? Cesser de croire en la tendresse?

J'ai bien peur que toutes les spiritualités du terme, de l'arrivée (de la réussite, des performances, de l'accomplissement) nourrissent la désespérance. Mais la Pâque révèle justement qu'un être humain vraiment amoureux, ce n'est pas quelqu'un qui est parvenu ici ou là sur un tracé d'excellence. Ce que je crois (mais que je suis bien incapable de démontrer par la raison seule), c'est que la tendresse s'accomplit... *dans le moment même où je suis en train de marcher vers elle*. Même si le pas que je fais est petit, apparemment insignifiant, de peu d'envergure et de maigres résultats.

Je me dis de plus en plus que ce que l'Évangile honnit, c'est la médiocrité, les gens *médiocres*. Non pas les pauvres, au contraire! Non pas les souffrants et les quasi désespérés, au contraire! Non pas les pécheurs, au contraire! Mais les médiocres. Ceux et celles qui, passifs, satisfaits et repus, laissent couler passivement leurs jours. Ceux et celles qui cessent de marcher dans l'apprentissage de l'amour, et donc dans la découverte d'eux-mêmes et de leur humanité. N'est-ce pas ainsi qu'il faut comprendre la dure parole de l'Apocalypse: «Parce que tu es tiède, et non froid ou bouillant, je vais te vomir de ma bouche» (3, 16)?

La beauté évangélique d'un être humain, pour tout dire, jaillit de sa propre *décision* en faveur de la tendresse, et de la marche – espérante et entêtée – dans laquelle il met cette décision en pratique. «Croire, c'est décider de croire, c'est décider de continuer de croire.» (Jean-Claude Sagne)

L'amour des plus petits que soi

Une autre exigence d'une spiritualité évangélique m'est ainsi apparue de plus en plus évidente. La vie que nous menons depuis plus de vingt ans, quelques handicapés intellectuels, un couple et moi, m'a beaucoup fait cheminer à ce sujet.

«Il est plus facile à un chameau de passer par un trou d'aiguille qu'à un riche d'entrer dans le Royaume de Dieu.» (Mt 19, 24) Les riches s'étonnent et se scandalisent d'entendre que l'Évangile préfère les pauvres. Ils risquent d'en être toujours scandalisés, les pauvres!, puisque leur richesse fera toujours obstacle à un accueil libérateur de l'Évangile. «Malheureux, vous les riches: vous tenez votre consolation.» (Lc 6, 24) Les riches sont trop «consolés» et encombrés par les bonnes nouvelles de leurs réussites pour entendre la Bonne Nouvelle. «Je ne suis venu que pour les brebis perdues» (j'insiste sur la radicalité du *ne... que*). C'est la vie des pauvres que l'Évangile appelle, en elle qu'il résonne. Jésus est venu pour les perdus, les laissés-pour-compte, ceux et celles que les riches et leur richesse méprisent, asservissent, tous les souffrants de ce monde, les marginalisés, les exclus, ceux et celles dont la vie a goût de mort. Et pour tous ceux-là, quelle Bonne Nouvelle d'entendre que la Pâque vient fidèlement ouvrir leurs abîmes!

Mais l'Évangile ne se contente pas de dire *vers* qui Jésus préfère aller. «*Je suis*, affirme-t-il, les mal-aimés et les exclus de ce monde.»

L'Évangile de Matthieu (25, 31ss) met solennellement en scène «la venue du Fils de l'homme dans sa gloire», et le jugement qui tranche entre «les bénis du Père» et les «maudits» («condamnés au feu éternel qui a été préparé pour le diable et pour ses anges»). Mais qui sont-ils et qu'ont-ils fait, ces bénis du Père? «Venez dans mon Royaume. J'ai eu faim et vous m'avez donné à manger; j'ai eu soif et vous m'avez donné à boire; j'étais un étranger et vous m'avez recueilli; nu, et vous m'avez vêtu; malade, et vous m'avez visité; en prison, et vous êtes venus à moi.» Les bénis sont tout à fait surpris. Et on les comprend, car ils n'ont jamais vu le Fils de gloire assoiffé, nu, prisonnier ou malade. Comment auraient-ils pu lui prodiguer les soins de leur tendresse? Le Fils de gloire leur répond: «C'est à moi que vous l'avez fait, chaque fois que vous l'avez fait à l'un de ces plus petits, qui sont mes frères.» Et «maudits êtes-vous, vous qui n'avez pas nourri l'affamé, accueilli l'étranger, visité le malade et le prisonnier. Chaque fois que vous ne l'avez pas fait à l'un de ces plus petits, *à moi non plus vous ne l'avez pas fait*.»

Ainsi parle le Fils «venu dans sa gloire». Il *s'identifie* à la foule des plus petits. Et sa tendresse me fixe rendez-vous chez ceux et celles que ma bonne santé de juste situe au plus bas de l'échelle selon laquelle nous jugeons la réussite d'une vie humaine. C'est bien là que l'amour m'attend, m'invite et me pousse. Je ne suis pas fidèle à l'Évangile si ma vie n'emprunte pas ce chemin vers le plus bas.

Êtres intelligents que nous sommes, nous jugeons spontanément que nous empruntons un chemin de descente quand nous allons vers les plus petits. Pareil jugement est correct, car «nos» plus petits semblent et sembleront toujours... plus petits que nous — les enfants, encore dépendants de leurs parents; les étudiants qui savent moins, face au professeur qui sait plus; les femmes, aux prises avec un pouvoir (politique ou religieux, par exemple) encore largement masculin; jusqu'aux peuples du Tiers-Monde, toujours exploités par les peuples du Monde qu'on dit Premier. Mais la fidélité évangélique ne pousse pas n'importe comment vers ceux du bas. En particulier, ce n'est pas par philanthropie que nous allons vêtir ceux qui sont nus et nourrir les affamés; il peut être facile, et même malsain quand on y cherche sa propre gratification, de «donner» aux pauvres, de nourrir les affamés et de rendre visite aux malades. L'Évangile invite à entrer sur cette voie pour cette seule raison: aller vers les plus petits, les souffrants, les rejetés, aller vers les mal-aimés et les mal-aimants, *c'est partir à la découverte de Jésus Christ*. Et de la possible tendresse. C'est en cela que le mouvement évangélique de descente est libérateur. *Il ouvre concrètement*, en nous et par les plus petits, *la conscience d'une tendresse sans frontières*, qui n'exclut personne, ne condamne personne, n'excommunie personne.

Mais quand serai-je de parfaite tendresse? Sans dureté ni condamnation? Quand ouvrirai-je les bras aux plus petits sans être gêné par aucune trace d'égoïsme? Jamais, sans doute. Jamais pendant le court temps de ma vie.

Je peux m'en décourager. Sombrer dans la désillusion. Me dire «à quoi bon croire en une tendresse aujourd'hui possible?» Ma relation avec les plus petits permet une autre lecture. Ma solidarité avec eux donne un visage concret à la distance que j'ai moi-même à franchir. La descente vers le bas – par la rencontre charnelle des plus petits, de leurs corps à vêtir, de leurs bouches à nourrir, par la présence charnelle des mal-aimés à aimer de tendresse – *me met en route* en m'invitant au *travail* de l'amour.

Y a-t-il rien de plus proche de l'espérance que la désespérance? La quête d'amour est en effet désespérante si nous cherchons son accomplissement dans l'*arrivée*, dans le terme enfin conquis. Mais ce n'est pas en ce lieu de «réussite» qu'il faut situer l'origine et l'accomplissement d'une spiritualité évangélique.

La tendresse est aujourd'hui possible parce que nous croyons que la Pâque ouvre une brèche dans l'égoïsme et donne de passer déjà de l'isolement à la fraternité, de l'enfermement à la tendresse. Quelle que soit la petitesse du pas que nous décidons de faire aujourd'hui vers les plus petits, Jésus Christ aime ce pas et le bénit: c'est un pas de marcheurs. Et l'Éternel Passant aime de tendresse les *marcheurs*, ceux et celles qui *passent*. Il reconnaît en eux ses sœurs et ses frères, sa famille à lui.

> Le moindre pas fait par le plus démuni des humains, sur le chemin de cet amour, et même dans l'illusion, l'inextricable et la détresse, le moindre pas en avant, c'est déjà le salut du monde. (Maurice Bellet, *L'amour déchiré*)

Rémi Parent

Le charnel aussi est spirituel

Il y a maintenant plus de vingt ans, je donnais une communication sur «Les sources de la quête spirituelle aujourd'hui[1]». J'étais sous le choc d'un deuil récent qui bouleversait mes forces vives. Dans mon désarroi qui réveillait l'angoisse de l'enfant abandonné, j'avais besoin de trouver un sens à la vie. En suivant une voie familière à ma profession (celle de l'inconscient), je me sentis appelé à explorer les sources de la spiritualité, ses soubassements affectifs. La demande venait me chercher au plus profond de mon être, elle me stimulait. J'éprouvais à la fois l'envie et la nécessité de plonger dans l'enfance, dans un passé chéri susceptible d'éclairer mon présent et capable d'offrir un avenir à ma quête de sens.

Vingt ans plus tard, où en suis-je? Ma quête a-t-elle trouvé son sens? Ai-je encore quelque chose à dire sur le sujet? Puis-je en rendre compte? Et si oui, cela offre-t-il un intérêt pour les autres? Il y a deux ans, j'ai tenté un bilan général sur le cheminement de la personne où, sous forme d'un essai à ambition scientifique[2], on pouvait lire les traces d'un itinéraire

---

[1] Paru dans *Critère*, nº 32, 1981.

personnel. Il est bien connu que l'on parle plus facilement à Dieu ou de Dieu lorsque ça va mal que lorsque ça va bien. Aujourd'hui, en rédigeant ces lignes, c'est pourtant moins l'angoisse de trouver un sens qui m'anime, c'est moins la détresse que l'enchantement. Et cet enchantement, je voudrais le partager simplement et familièrement. Dire ce que j'ai vécu le long de ce chemin parcouru qui m'a étonné et souvent émerveillé. Dire ce qui a tenu le coup au cours de ce vagabondage spirituel — j'aime bien cette connotation d'errance — qui s'est révélé essentiel pour moi.

Je ne sais si j'ai avancé ou reculé dans la spiritualité, qui est un concept que je suis toujours incapable d'enfermer dans une définition précise. Une chose demeure: je m'y suis promené sans éviter de multiples égarements. Certaines de mes croyances ont changé. J'ai cependant la conviction que ma foi en la personne humaine s'est approfondie comme celle que j'ai en la personne divine. Avec les ans, je marche moins rapidement. Je trébuche plus souvent. Le corps dépérit. Et pourtant! je crois toujours et de plus en plus au corps. C'est peut-être ma plus constante fidélité, mon plus grand pédagogue, mon mentor en qui repose en partie ma foi. Il m'a tout appris. C'est lui qui m'a guidé dans ma réflexion d'il y a vingt ans (le corps souffrant) et tout au long de mon livre récent (le corps-en-situation-dans-le-monde). C'est à travers les *sens* qu'émerge le *sens* de l'existence. Je sais que c'est encore lui, dans le «lâcher-prise», qui m'apprend et m'apprendra à mourir.

Mon itinéraire spirituel passe par mon corps avec lequel il est viscéralement lié, comme un besoin qui

[2] *À la recherche de l'objet d'amour perdu*, Montréal, Méridien, 1999.

alimente le désir. Cela depuis ma plus tendre enfance, du plus loin que je me rappelle. Lorsque, petit, j'avais transgressé un interdit ou perpétré quelque mauvais coup, ma mère, après m'avoir réprimandé dans son boudoir, voulait me faire promettre de ne plus recommencer. Mais je le lui refusais, car j'avais déjà une vive conscience de la force des convoitises du corps. Je lui répondais que j'essaierais d'être meilleur, mais que, ne connaissant pas l'avenir, je n'avais pas l'assurance de réussir. Je ne pouvais donc lui promettre de ne pas recommencer. Fort heureusement, elle n'insistait pas. En souriant de l'astuce de mon argumentation, elle se contentait de ma bonne volonté. Née aux États-Unis quoique d'origine française, elle intercalait des expressions anglaises en nous parlant. C'est ainsi qu'elle m'avait toujours éduqué selon la recommandation de Shakespeare proclamant que le plus important est d'être franc avec soi-même: «*This above all to thine own self be true*», me répétait-elle souvent. Elle ne pouvait exiger que je m'engage au-delà de ma vérité. Ces paroles profanes d'un dramaturge rejoignaient, je le réalise aujourd'hui, celles de Jésus: «La vérité vous fera libres.» (Jn 8, 32) Le corps me tirait donc d'embarras en laissant ouverte la porte des désirs. Il m'enseignait la franchise.

Il était de coutume dans les collèges de l'époque, vers la fin des études secondaires, autour de dix-sept ans, de faire une retraite fermée dite d'orientation. La mienne fut prêchée par un dominicain prestigieux tout de blanc vêtu, tel un ange de lumière, et fort éloquent. Elle me secoua vivement en réveillant en moi la vocation sacerdotale... de suivre Jésus. J'entendais son appel dans l'enthousiasme, mais j'étais aussi très malheureux, car j'étais en amour terrestre! Je me sentais comme le jeune homme riche de l'Évangile qui est triste parce qu'il a beaucoup de biens. Je ne savais laquelle des deux voies suivre: célibat ou mariage? Mon esprit était alors imprégné de la spiritualité puritaine ambiante qui dévalorisait la chair et voulait tout orienter vers la perfection du haut: *Sursum corda*, «en haut les cœurs», répétait joyeusement notre mère, lorsqu'un de mes frères racontait à table une histoire qu'elle jugeait trop salée.

Finalement, c'est l'appel de mon corps vers l'ici-bas qui l'emporta. Je revins chez moi libéré, heureux de regagner la maison de mon père. Je me suis toujours senti soutenu par ce dernier, même lorsque mes désirs ou mes intérêts, pour la musique par exemple, lui étaient étrangers. J'offris à la jeune fille que j'aimais une chaîne dorée portant une petite croix acquise au magasin des dominicains. Quatre ans plus tard, encore engagé dans des études mais appuyé par la générosité paternelle, je l'épousais sans intention de nous enchaîner dans quelque prison dorée. Mon corps m'avait conduit à faire une croix sur le célibat. Il m'ouvrait à la spiritualité charnelle que mon père terrestre, tout imparfait fût-il, m'avait insufflée par la vie même qu'il m'avait donnée! Comme mon grand-père l'avait choisi, c'est du côté de la médecine que j'orientai mes pas[3]. Celle-ci contribua encore à me réconcilier avec le corps.

En ces temps-là, on considérait la médecine comme une sorte de vocation. Sa pratique m'aura appris au moins une chose qui me semble essentielle. En accomplissant sa tâche quotidienne, le médecin réalise concrètement la force et l'efficacité des trois vertus théologales: la foi, l'espérance et la charité.

[3] J'ai tenté d'en rendre compte en traitant de «la vocation de la personne». Cf. *À la recherche de l'objet d'amour perdu*, pp. 378 à 396 et plus particulièrement pp. 390-391.

Dans la relation avec son patient, il prend conscience que chaque personne est et peut devenir objet de *foi*. Foi en lui-même d'abord et dans sa science lorsqu'il exerce ses qualités de thérapeute. Foi qui soutient également son malade quand il croit en ses propres capacités de guérison. Espérance dans la forme profane du *désir* de guérir qui les anime tous les deux, ou de soulager le mal si la guérison est impossible. Charité surtout (*caritas*), dans sa signification d'amour de la chair (*carneus*), lorsque est découvert le pouvoir de l'amour, le remède empathique le plus puissant de l'arsenal thérapeutique, celui qui reste quand tout semble perdu. «La charité ne passe jamais.» (1 Co 13, 8)

Si la dimension religieuse ouvre aux liens (*religare*), elle porte également une part de scrupule (*religio*). La médecine aura nourri ma curiosité naturelle, ma vive soif de connaître qui pouvait être à l'époque plus ou moins entachée de faute ou soupçonnée d'être une entreprise orgueilleuse. Depuis que ma mère se cachait dans sa garde-robe pour se déshabiller (ce qui intriguait fortement mon corps... ou était-ce mon esprit?), ma curiosité sexuelle s'était éveillée et me faisait entrevoir le lien angoissant, mais néanmoins érotique, entre l'interdit et le besoin de le transgresser. Baudelaire disait: «Les autres hommes vivent pour vivre et hélas! nous vivons pour savoir.»

Ce côté scrupuleux et voyeur/délinquant de ma nature a reçu, comme un *cadeau du ciel*, une sorte de révélation et une véritable libération, le jour où je vis pour la première fois une femme se déshabillant: «Heureuse faute!» (*felix culpa*) pourrais-je dire à mon tour. J'ai toujours conservé un faible pour une fille qui montre ses fesses; pour moi, c'est une fille généreuse qui me donne de la joie. La spiritualité du temps l'aurait qualifiée d'ensorceleuse ou de putain. Mais si c'en est une, c'est au sens dont en parle Jésus quand il dit que les prostituées nous précéderont au paradis. Même le chaste Paul fait place à la faiblesse: «les membres du corps que nous tenons pour les plus faibles sont nécessaires [...] nos membres indécents sont traités avec le plus de décence». Il explique que «Dieu a disposé le corps de manière à donner davantage d'honneur à ce qui en manque, afin qu'il n'y ait point de divisions dans le corps, mais qu'au contraire les membres se témoignent une mutuelle sollicitude. Un membre souffre-t-il? tous les membres souffrent avec lui. Un membre est-il à l'honneur? tous les membres prennent part à sa joie.» (1 Co 12, 22-26)

La théologie de la libération (le Dieu qui libère) est un long et mystérieux processus, une divine entreprise qui anticipe et déborde l'option politique. Elle a débuté très tôt pour moi sans que je n'en sache encore le nom. Elle a commencé au contact de ma mère qui faisait (par exemple en évoquant la phrase de Shakespeare) de la théologie de la libération comme monsieur Jourdain pouvait faire de la prose sans le savoir. De la même façon, elle m'enseignait la *philosophie dans le boudoir* du divin marquis lorsqu'elle nous réprimandait pour notre libertinage. La liberté me paraît être un des plus beaux cadeaux de l'esprit de vérité. Le sentiment de liberté s'éprouve quand soudainement cesse la peur. Adolescent, j'avais peur de la mort; j'en ai eu bien moins peur lorsque j'ai pu vivre une sexualité plus libre par le biais du plaisir de la *petite mort*. La pratique psychanalytique m'aura appris que le refoulement sexuel crée l'angoisse et que, vice versa, l'angoisse engendre le refoulement.

Mais on ne se libère pas seul. On a besoin de compagnes et de compagnons de route dans ce mouvement de libération. De même qu'on a souvent été contraint par d'autres, c'est *avec* les autres qu'on se libère. Cela aussi, la psychanalyse, plus que Marx, me l'a fait comprendre. J'ai été conforté à penser librement par le programme pastoral de Jean-Paul II: *N'ayez pas peur*, comme si le feu vert était donné par l'autorité menaçante elle-même. Dans une belle contradiction, typiquement humaine, l'autorité (ici religieuse) se réservait néanmoins plusieurs sujets de débat sous peine de... réduction au silence.

En vieillissant, je n'ai presque plus peur, grâce à la liberté de pensée de mes maîtres: Freud, Jung, Laforgue ou Stern. Ma profession a même érigé en méthode souveraine la «libre association» du discours. Hors de ma vie professionnelle, j'ai respiré plus librement au contact d'un Newman[4] ou d'un Drewermann[5]. Plus près de chez nous, j'ai trouvé fortifiant le cheminement d'un André Naud[6] ou d'un Richard Bergeron[7], sans parler d'un Julien Harvey, d'un Benoît Lacroix ou d'un Fernand Dumont... qui ont tous lutté pour la liberté et souvent surmonté la contrainte néfaste de l'angoisse.

Ce qui m'apparaît grave dans notre société occidentale, ce n'est pas seulement la dissociation du spirituel et du religieux institutionnel qu'on constate et qu'on peut même déplorer. Mais c'est la dissociation séculaire persistante entre le spirituel et le charnel, qui va jusqu'au refus du charnel au soi-disant profit du spirituel. En d'autres termes, ce qui me frappe, à l'instar de Jean Guitton, c'est la difficulté de

---

[4] J'en cite un passage dans mon livre *Freud et l'athéisme*, Paris, Desclée & Cie, 1971, pp. 193-194.

[5] Voir particulièrement *Dieu en toute liberté*, Paris, Albin Michel, 1997.

[6] Voir par exemple *Le Magistère incertain*, Montréal, Fides, 1987.

[7] Voir son dernier livre *Les pros de Dieu*, Montréal, Médiaspaul, 2000.

l'institution d'intégrer le sexuel et son incompréhension tenace (pour ne pas dire crasse) de la chose. Cela m'apparaît comme une véritable *trahison des clercs*[8] face au projet évangélique d'*incarnation*... face au désir humain autant que divin de rédemption et de résurrection de la chair. La spiritualité du couple en tant que telle, comme le visage de la femme, est pour le moins mal à l'aise au sein de l'institution. Certains types de compagnonnage, incluant les *amitiés particulières*, doivent être voilés («cachez ce sein que je ne saurais voir») sinon maquillés ou carrément répudiés. Le secret institutionnel imposé à la vie charnelle au sein même du «religieux», qui reste incarcéré dans le «religio» au détriment du «religare», me révolte et me scandalise aussi. Ce secret ne pourra qu'éclater le temps venu. Un jour sera libérée la femme recluse dans l'inconscient de l'Église autant que dans le tréfonds de chacun.

C'est pourquoi je ne saurais dire encore tout ce que ma liberté et mon désir de «réhabiliter l'Éros[9]» doit au jeu de compagnonnage avec une femme. Issue d'un milieu ouvrier qui a pu faciliter son option pour les pauvres, elle est l'ouvrière de ma onzième heure. À travers son amour et sa passion de connaître, elle me redonne le bonheur que j'avais perdu et qui pour moi se déclinait au féminin: elle me donne *la bonne heure* d'aujourd'hui. Sensible à l'injustice sociale, son action s'inscrit dans un collectif au sein duquel j'ai trouvé des amis, incluant un théologien qui dit, en clown qu'il n'est pas, des choses essentielles en jouant du *gazou*. Même si elle avoue avoir «souvent *mal à*

[8] Pour reprendre dans un sens quasi littéral le titre du livre classique de Julien Benda publié en 1927. Drewermann dénoncerait les *Fonctionnaires de Dieu*, Bergeron parlerait des pros, Jean-Paul Lefebvre se demanderait: *L'Église a-t-elle abandonné les croyants?*

[9] Voir Baroni, L. *et al.*, *Chemin faisant...*, Montréal, Éditions Paulines (Médiaspaul), 1991, pp. 60-61.

l'Église comme on a mal au ventre[10]», elle est joyeuse. Sa beauté m'émeut. Je la connais depuis fort longtemps, alors que m'avaient frappé ses yeux clairs et naïfs et ses longs cheveux noirs. «Tard je t'ai aimée, Beauté si antique et si nouvelle»... pourrais-je chanter à la suite d'Augustin. Son corps (ou est-ce son esprit?) m'éveille et m'émerveille. Il me rend heureux. Mais je crois que c'est plutôt son âme qui m'enchante... dans le sens où l'entend Walt Whitman dans sa percutante question: *And if the body were not the soul, what is the soul?*

Le corps de la femme jouit d'une capacité à nulle autre pareille de porter la vie... de l'*animer*. Son corps serait-il son âme? me demandais-je dans mon essai sur la personne. Quoi qu'il en soit, le corps de mon amoureuse m'est donné comme le «cadeau du ciel» dont je parlais plus tôt. Et dans le même temps que je le reçois de là-haut, c'est par l'ici-bas qu'il m'arrive. Il me révèle ainsi un au-delà du sexe qui transcende le corps sans le renier aucunement. Puisque, loin de le refuser ou de le dévaloriser, cet Au-delà (la majuscule est intentionnelle) passe par son corps. Il me dit à sa façon ce que Dona Prouhèze avouait à Don Rodrigue dans *Le Soulier de satin*: «De cette promesse que mon corps t'a faite je suis impuissante à m'acquitter [...]. Prends mon cœur, prends mon amour, prends ce Dieu qui me remplit! La force par laquelle je t'aime n'est pas différente de celle par laquelle tu existes.» Dans une scène précédente, Don Camille lui avait crié: «Ah! cessez d'être une femme et laissez-moi voir sur votre visage enfin ce Dieu que vous êtes impuissante à contenir, et atteindre au fond de votre cœur cette eau dont Dieu vous a fait le vase[11].»

---

[10] *Chemin faisant...*, p. 48.

[11] Claudel, P., *Théâtre*, t. II, *Le Soulier de satin*, Paris, Gallimard, «Bibliothèque de la Pléiade», 1956, pp. 828, 841, 844.

De toutes les façons et surtout sans cesser d'être femme, ma compagne m'aide à passer *d'une rive à l'autre*[12], comme on peut passer d'un amour à un autre sans trahison ni compromis déshonorants. Je sens bien qu'elle est beaucoup plus que son corps. Mais, comme le dirait Lacan, je ne peux rien connaître de plus de son être. Je suis heureux quand même de la connaître... de naître d'elle au sens biblique de la connaissance – naître avec elle! Elle me révèle concrètement «les images féminines de Dieu[13]». C'est comme couple et en suivant la Genèse, car il n'est pas bon que l'homme soit seul, que nous projetons de poursuivre ensemble notre itinérance... éclairés par *Le Seigneur de la danse*[14].

Le jeu et le rire qui lui est intimement lié, comme l'art aussi, me sont des écoles de liberté. La poésie des *Regards et jeux dans l'espace* d'un Saint-Denys-Garneau a quelque chose de libérant. Le rire est une explosion de liberté. Et la liberté libère le rire. On ne rit qu'en accédant à la liberté. Je pense particulièrement au rire pur et gratuit de l'enfant lorsqu'il nous échappe dans le jeu où nous faisons mine de le retenir. Le rire d'un tout petit confirme bien que le mouvement de libération peut commencer à agir très tôt chez l'être humain. Comme le sentiment de liberté, le rire apparaît lorsque l'on cesse d'avoir peur. Il permet d'échapper à la contrainte, au sérieux de toutes nos aliénations, sources d'angoisse. Je connais un homme qui, trop longtemps retenu, explose d'un grand fou rire lorsqu'il atteint l'orgasme. Le jeu sexuel rend possible l'assimilation d'un passé souvent traumatisant. On appelle cela l'érotisation de l'angoisse. On peut le voir dans les

[12] Selon le titre qu'elle a donné à son article dans *Chemin faisant...*, p. 41.
[13] C'est le titre d'une conférence qu'elle a donnée à Moncton à l'automne 1999.
[14] Selon le titre du beau livre de Jürgen Moltmann, Paris, Cerf/Mame, 1977.

jeux d'«avoir» ou de «faire peur», par exemple, ou encore dans le jeu de la fessée érotique qui tente d'intégrer une expérience humiliante. Mais il prépare également l'avenir en inventant un scénario qui permet à une liberté créatrice de s'exprimer: faire l'amour (librement) plutôt que la guerre (anxieusement). Dans une sorte de psycho-drame passant par le rire; le jeu crée de la joie là où régnait la terreur.

De la terreur, il y en a eu dans ma quête de sens. Je trouvais triste le divorce. Il me faisait peur. Je trouve encore horrible un amour qui échoue. Jamais autrefois n'aurais-je pensé divorcer. Ce n'était pas la voie que je désirais suivre. Et pourtant... Ayant joué le jeu du divorce, cela m'étonne encore, me voici libre aujourd'hui de m'engager à nouveau *devant les hommes* (si ce n'est devant Dieu) avec la femme que j'aime. Mon divorce fut une décision difficile pour ma spiritualité, qui m'avait fait promettre fidélité. Un dimanche matin en interrogeant la liturgie eucharistique, ou devrais-je mieux dire en me laissant nourrir de sa chair et interpeller par elle, je compris le sens rédempteur que pouvait prendre pour moi le récit de la Nouvelle Alliance dans le rituel catholique. Je réalisai soudain qu'en la contractant, Dieu n'avait pas été infidèle à lui-même. Il n'avait pas renié l'Ancienne qui avait le mérite écologique d'inclure dans l'Arche la beauté de tous les êtres vivants. Il n'avait pas abandonné son peuple d'*élection* toujours en attente. Il s'est simplement offert dans un dénuement nouveau aux Gentils, à ceux et à celles qui ont la *gentillesse* ou plutôt la grâce de l'accueillir dans son incarnation (le charnel). Ce matin-là, je me suis senti en bonne compagnie, comme on peut l'éprouver en se promenant avec un bon père. Je réalise maintenant, *chemin faisant*, que c'est plutôt le chemin que je ne voulais pas prendre qui m'a fait!

Empruntant au poème de Walt Whitman: «A Woman Waits for Me», j'ai déjà essayé de traduire mon état d'âme lors de mes secondes noces[15]: «Une femme m'attend, dit le poète, tout est en elle, rien ne manque...» C'est toujours le même esprit fidèle qui m'anime aujourd'hui dans ma recherche imparfaite mais passionnée d'un amour charnel autant que spirituel pour Lise. Puissent les divorcés de la terre, selon les mille façons de l'être, entendre au fond d'eux-mêmes cette bienveillance divine qui nous accompagne et nous guide souvent à notre insu!

En évoquant ainsi quelques jalons de mon itinéraire spirituel je m'aperçois que ce qui a tenu le coup, c'est d'abord le désir, et avant tout, le désir de vérité, c'est-à-dire, la franchise (This above all...). Dès l'aurore, ma quête a été animée et continuellement soutenue, avec des hauts et des bas, par la foi, l'espérance et la charité. Ces trois vertus ont pris différentes couleurs profanes au fil des ans. Certaines valeurs se sont relativisées en ce sens que je les ai vécues à travers des relations personnelles. Elles ont sonné pour moi dans des amours concrètes de mon être sexué. Je crois que la part de vérité qu'elles portent m'a ouvert à plus de liberté. Le soir venu, je mesure mieux l'infinie tendresse qui habite les événements de ma vie... jusque dans la racine même de mes désirs. C'est un peu comme dans le beau *Nocturne en mi bémol majeur* de Schubert où j'entends un trio (une trinité) –

[15] *À la recherche de l'objet d'amour perdu*, p. 364.

piano, violon et violoncelle —, dialoguer à l'*unisson* (comme trois personnes en une) pour se partager et irradier une immense tendresse... quasi divine! Le Royaume est *au-dedans* de nous... il dépend de moi et de vous qu'il règne vraiment *parmi* nous.

Où donc est Dieu? Il est partout, affirmait autrefois le petit catéchisme et ce, depuis toujours... Personne ne sait avec certitude qui il est ni où il est. Pourrais-je risquer de le dire, au moins dans ce qu'il n'est pas? Il ne peut être contre l'amour puisqu'il est amour. Il ne peut être contre la liberté puisqu'il est liberté. Il ne peut être contre la recherche de tendresse puisqu'il est tendresse. Il ne peut être contre l'être humain imparfait, en pleine évolution, non encore complètement fini (perdu)... puisqu'il est lui-même l'Infini venu chercher ce qui était perdu (Lc 19, 10). Face à la misère, Woody Allen disait que si Dieu existait, il avait besoin d'avoir une fichue bonne excuse.

Mais enfin, qui est-il pour moi? S'il est le fondement de mon être, comme de plus en plus je le pressens, quel chemin prendre pour le rejoindre? Plutôt que de monter, *sursum corda*, et de regarder en l'air comme des apôtres hébétés, ne faudrait-il pas descendre en soi[16]? Et si c'était Lui qui voulait me rejoindre... dans mon désir profond de devenir vraiment homme! Et si sa seule excuse était les folles amours inscrites au fond de nos cœurs? Dieu, *personne* ne l'a vu (1 Jn 4, 12). Serait-il possible que le fils de l'homme (l'incarnation de Dieu) puisse nous le faire voir (Jn 14, 9)?

Dans le credo de mon enfance, on récitait: «Il est mort, est descendu aux enfers»... Pauvre lui, cela

---

[16] C'est la voie qu'a suivie Augustin. C'est celle que propose Maurice Bellet et qu'emprunte Rémi Parent dans son dernier livre *Heureux les nomades*, Montréal, Paulines, 2001.

m'apparaissait le comble des malheurs ou de la témérité. Qu'était-il donc allé faire là? On m'avait trop enseigné la peur de l'enfer à la petite école pour que j'ose même formuler la question. Mais en y réfléchissant aujourd'hui, n'y aurait-il pas là une invitation à descendre? Là où le péché abonde, la grâce surabonde, disait saint Paul, relayé par quelques généreux curés d'autrefois. En ces bons vieux temps où, avec Bernanos, il était encore recevable de parler de Grâce! Tout serait-il grâce? Y a-t-il de la grâce dans l'homme qui mène sa quête dans les bas chemins de la pornographie, et pourquoi le fait-il? Je ne pose pas la question dans un sens uniquement moral. En empruntant cette voie, pourrait-il mieux rejoindre les gens d'ici-bas, ceux-là même que la morale réprouve et qui fréquentent trop assidûment les sites Internet pornos? Le sujet est grave et ténébreux. Il est entouré de trop de tabous pour l'explorer dans le cadre de ces confidences. Reste que je crois en Dieu créateur du ciel et de la terre et de l'être humain à son image et à sa ressemblance; «homme et femme il les créa» (Gn 1, 26-27)... Mais je ne crois plus dans la magie toute extérieure d'un *Deus ex machina*.

Pourquoi Dieu m'a-t-il créé? Pourquoi a-t-il créé le monde? Bien sûr, à courte vue, ce sont mon père et ma mère qui m'ont donné naissance. C'est en jouant le jeu de l'amour et du hasard que les parents (nos dieux) et les enfants s'engagent dans le monde... Ainsi viennent-ils littéralement à la vie. Nous sommes le fruit du jeu de la vie. La Genèse évoque ce jeu: «L'esprit de Dieu planait sur les eaux» (Gn 1, 2); il plane comme un goéland gaspésien dans le ciel. Dieu jouerait-il aux dés en abolissant le hasard? Le monde, soutient-on, est sans raison, absurde; c'est le fruit du hasard et de la nécessité selon un principe d'indétermination. Il donnerait ainsi l'occasion au jeu de la liberté de se manifester. Il faut cependant admettre, avec les physiciens, que le monde a aussi ses raisons d'être. Nous arrivons parfois à les percer, mais la plupart du temps la raison ne les connaît pas. Cela n'éveille-t-il pas les échos pascaliens d'une autre logique pouvant rendre compte de la création? Notre monde est peut-être moins créé qu'on ne le croit. Il serait *à* créer, comme le dit Zundel[17], plutôt qu'à expliquer. Cette conception (amoureuse) du monde ne relèverait pas tant de la science que de la gratuité de la poésie avec ses *regards et jeux dans l'espace*. En d'autres mots, il serait un vaste appel à la libre imagination créatrice de tout un chacun, cette imagination qu'avec Einstein je place au-dessus du savoir.

D'aucuns estimeront que j'ai trop sollicité les Écritures au cours de ma réflexion. Les aurais-je trahies? Je reconnais un Dieu terriblement présent à travers les textes, mais il apparaît toujours voilé. Ne pourrait-on appliquer à la Bible ce qu'on dit du Coran: «C'est un livre muet, c'est l'homme qui lui donne la parole»? Il semble que Dieu s'y dépouille au point de nous donner son Verbe lui-même... dans les multiples traductions qu'on ne cesse d'en faire: la Vulgate, celle de Jérusalem, la *Tob*, celle de *Chouraqui* et la toute dernière *Nouvelle traduction*[18] qui vient de paraître. La Bible est constamment réactualisée selon les interrogations de notre temps. On réclame alors la liberté d'en faire la lecture au meilleur de son entendement. Les lecteurs, disait Proust, sont d'abord les lecteurs d'eux-mêmes. On pourrait dire, pour paraphraser Baudelaire qui a osé descendre dans les ténèbres pour y cueillir les *fleurs du mal*, que chaque personne est comme la nature dont elle fait partie, «un temple

---

[17] Voir *La Vérité, source unique de liberté*, Québec, Éditions Anne Sigier, 2001.

[18] *La Bible. Nouvelle traduction*, Paris/Montréal, Bayard/Médiaspaul, 2001.

où de vivants piliers laissent parfois sortir de confuses paroles».

La vie, le cheminement, le désir de vérité ou la vérité du désir, la beauté, l'amour... que de mots porteurs de sens mais aussi de confusion et qui reviennent sans cesse sous ma plume. Je les retrouve pourtant dans l'Écriture: «Je suis la vie, la voie, la vérité.» Est-ce à dire que je me prends pour un autre dans mon ardent désir de devenir un vrai homme? Est-ce un désir d'union ou de fusion qui me pousse à être ce que je suis, «semblable à Dieu[19]»? En effet, n'ai-je pas en moi une part de vie qui m'a permis de donner naissance à mes enfants? Dans ma profession, ne suis-je pas un peu une voie de *transfert* pour guider mes patients pendant une certaine période de leur cheminement? N'aurais-je pas, aussi, une petite part de vérité capable d'éclairer d'autres sur les chemins de leur liberté? Il se pourrait que loin de me prendre pour un autre, «je [sois] un autre», comme je l'ai découvert à la suite de Rimbaud, au cours de mon essai sur la personne *à la recherche de l'objet d'amour perdu.*

Suis-je devenu pour autant plus vrai dans mon itinérance? Hélas! je n'en suis pas sûr. Au plus près que je sois de ma vérité, la vie n'a plus la même vaillance, elle décline en moi comme un verbe peut se décliner... noblement, j'ose l'espérer. Mes muscles n'ont plus la même endurance pour suivre le chemin. Mon désir sexuel, toujours aussi gaillard, n'a pourtant plus la même fermeté d'expression, alors qu'un petit peu de tendresse pouvait facilement susciter une pleine allégresse!

[19] À l'origine, Michel signifie «semblable à Dieu».

Devrais-je m'en attrister? Ne pourrais-je pas me réjouir d'y découvrir une dimension essentielle de l'amour qui m'apparaît aujourd'hui avec plus d'évidence? Tel un vieux bœuf attendri – qui se fait mignon – ce que je perds en vigueur, je le gagne en tendresse. Décidément, je peux toujours apprendre à l'école de mon corps; peut-être est-il plus savant que je ne le pense? Il m'enseigne le dépouillement... la *dépossession joyeuse*. Ce qui manque le plus dans notre monde en folie c'est la tendresse, pour soi et pour l'autre, davantage que le durcissement et la prompte rigidité. C'est au soir de ma vie que me devient plus sensible, dans la faiblesse même de mon corps, cette divine tendresse qui m'habite.

Oui, comme le pensait Péguy, le charnel aussi est spirituel!

Michel Dansereau

Mon parcours intellectuel de croyant

Quand il s'agit de ce qui conduit aux portes de la divinité, chaque chemin est unique et deux personnes ne peuvent suivre tout à fait le même parcours. Il semble se jouer dans ce cas quelque chose de l'exclusivité qu'on trouve dans l'ADN et dans le code génétique. Pourquoi alors entreprendre de décrire mon parcours intellectuel de croyant? Certainement pas par envie de me raconter, car je n'ai jamais cultivé ce goût. Encore moins parce que mon cheminement aurait été soit-disant exemplaire. Il fut mien, tout simplement. Peut-être le goût de cette entreprise m'est-il venu par l'effet du simple désir de faire le point et de vérifier où j'en suis rendu. Pour les choses essentielles dont une vie de réflexion est faite, on ne sait jamais parfaitement où on en est et je dois confesser que ce fut presque toujours mon cas. Peut-être encore une pensée m'habite-t-elle, fût-ce secrètement, celle d'oser espérer que l'histoire de mon cheminement pourrait aider un éventuel lecteur passant par des misères quelque peu analogues à celles que j'ai connues. A-t-on le droit d'encombrer le monde de ses petits écrits, si ce n'est dans l'espoir d'être utile?

Val Bavona (Tessin/Suisse)

J'entreprends de parler de mon parcours intellectuel plutôt que d'un parcours spirituel. Par pudeur peut-être, mais surtout parce que j'estime que le spirituel est d'abord intellectuel. Existe-t-il d'ailleurs une foi sans itinéraire intellectuel? Pour m'en tenir à mon cas, j'ai passé ma vie à essayer de comprendre. Ce qui est une manière comme une autre d'essayer de se comprendre. Et je vois depuis longtemps ma vocation comme étant celle d'essayer d'aider quelques autres à tracer leur difficile chemin dans la forêt mystérieuse du monde religieux. Bien immodeste vocation, je dois l'admettre.

Même mon parcours intellectuel, je ne l'aborderai que d'une façon limitée. Pas question de raconter l'évolution de ma pensée sur Dieu, sur Jésus de Nazareth, sur la Résurrection, sur l'Eucharistie, sur Marie, sur le sacerdoce, sur ce que devrait être l'enseignement de l'Église en matière de mariage et de divorce, sur le miracle, sur tant d'autres sujets qui relèvent de ma pensée religieuse. Aborder autant de thèmes en peu de pages serait une tâche absolument impossible. Aussi bien, je ne m'intéresserai qu'au parcours de ma manière de croire. C'est bien suffisant. C'est d'ailleurs pour moi le plus fondamental.

Je suis un prêtre qui a été formé dans la plus pure orthodoxie thomiste des années 50. Je n'ai pas à le regretter, puisque je suis sorti de cette orthodoxie. Je suis aujourd'hui très frappé du haut degré de sécurité intellectuelle dans lequel j'ai baigné pendant les trente premières années de ma vie intellectuelle. J'étais satisfait de ce que j'avais reçu et ne songeais à rien d'autre que de transmettre le bonheur intellectuel que je trouvais dans ma foi. C'est sans doute, pour une part, ce qui explique le choix que je fis de devenir missionnaire.

Un parcours intellectuel de croyant est toujours dépendant de quelque choix mystérieux. Je voulais porter au Japon le bonheur que je trouvais dans ma foi, comprise dans le cadre philosophico-théologique que je viens d'évoquer. On ne pourrait me comprendre sans tenir compte de ce que fut pour moi le passage de huit années au Pays du Soleil Levant. Je me demande parfois aujourd'hui si ce n'est pas le Japon, plus que maintes lectures, qui m'a le plus transformé. Mon séjour au Japon me faisait découvrir le pluralisme religieux dont on parle tant aujourd'hui. Il m'obligeait à me poser d'une manière quasi quotidienne le problème du salut des non-chrétiens. Pendant huit ans, le Bouddhisme et le Shinto s'imposaient à mon regard. Il n'est rien de tel que le contact avec la religion des autres pour apprendre à situer ses propres croyances dans des perspectives neuves. Comme le pluralisme religieux nous rejoint tous désormais d'une manière tout à fait inédite et comme il interpelle désormais chacune des consciences, je pense avoir rapporté de mon séjour au Japon infiniment plus que ce que j'ai laissé en ce pays.

On me destinait à l'enseignement au Grand Séminaire de Fukuoka, ville importante du Kyushu. On aurait pu me demander de me spécialiser dans les aspects sociaux de la foi chrétienne; cela aurait été mon premier choix, car je rêvais alors de catholicisme social en même temps que de tant d'autres choses. On aurait pu me demander de me spécialiser en théologie morale, ou en exégèse des Saintes Écritures, ou en droit canonique: mon parcours intellectuel de croyant aurait alors été tout autre que ce qu'il fut. Pour remplir un besoin de la maison d'enseignement à laquelle on me destinait, on opta pour la philosophie. Ce que je vais raconter, c'est l'histoire d'un philosophe transformé en théologien. Ceci n'est aucunement dit pour me plaindre, ni de ce que je fus ni de ce que je suis devenu.

Il y a beaucoup de hasard dans les chemins intellectuels qu'on parcourt. Voici une autre illustration de cette pensée. Je cherchais un sujet pour ma thèse de doctorat en philosophie. À la suggestion d'un confrère, j'entrepris de me mêler de la controverse qui sévissait alors autour de la notion de philosophie chrétienne. Un débat faisait rage depuis vingt ans, opposant entre autres les historiens de la philosophie Henri Bréhier et Étienne Gilson, mais opposant également entre eux nombre de thomistes: y a-t-il ou non une telle chose qu'on pourrait appeler la philosophie chrétienne? Vingt ans plus tard, je n'aurais pas choisi ce sujet: le débat s'était éteint et, bien que la question ne fût point résolue, on ne trouvait plus guère de véritables combattants. Ainsi vont les grands débats intellectuels et les parcours qu'ils suscitent!

Le choix que j'ai fait dans les années 50 m'a plongé dans le bain de l'immense question des rapports entre foi et raison. Je n'en suis plus jamais sorti. Mais on verra que, comme Héraclite, je n'ai jamais nagé tout à fait dans les mêmes eaux, si tant est que j'y ai été plongé deux fois de la même manière. J'invite en passant le lecteur à ne pas oublier qu'il est, lui aussi, plongé dans le bain de cette immense question, accompagné par nul autre que le pape Jean-Paul II, comme le montre bien son encyclique *Foi et raison*. Les eaux dans lesquelles nage Jean-Paul II sont-elles celles dans lesquelles il baignait avant de devenir pape, ou sont-elles plutôt des eaux vraiment pontificales? C'est là une considérable question dont je ne traiterai pas ici.

Le traitement que j'ai donné à la question que je me posais en 1954 était des plus classiques. Il était thomiste, conformément à la formation reçue, même si je critiquais les positions d'Étienne Gilson et de Jacques Maritain, alors tous deux grands prêtres du renouveau thomiste. J'avais constaté qu'ils exagéraient, chacun à sa manière, l'apport de la foi à la réflexion philosophique. Je tenais à être indépendant, même de ces deux importants philosophes. À distance, je constate que je l'étais relativement peu, comme cela se produit si souvent quand on ne fait que sortir de l'enfance et de l'adolescence.

Après quelques années d'enseignement, deux découvertes conjuguées s'installent dans mon esprit. Elles ne cesseront jamais plus de me hanter. Il me semble que les thomistes font de la mauvaise philosophie, tout comme il me paraît que j'ai été initié à une mauvaise théologie. Question de méthode, dans les deux cas, car il n'est pas question pour moi de dénigrer ou de rayer d'un trait tout ce que j'ai reçu dans les enseignements qu'on m'avait donnés. Peut-être faudrait-il citer ici, en passant, ce mot de Nietzsche que Jean Guitton mettait en exergue à l'ouvrage qu'il intitulait *Le travail intellectuel*: «Les vérités les plus précieuses sont celles que l'on découvre en dernier lieu; mais les vérités les plus précieuses, ce sont les méthodes.» Mauvaise philosophie: on laisse trop une foi, assumée et aimée, dominer la route à suivre et déterminer à l'avance où l'on ira. Mauvaise théologie: on fait quelque chose d'hybride qui sert mal le dessein. Dans ce dernier cas, la célèbre formule présentant la philosophie comme étant la principale auxiliaire de la théologie («*philosophia ancilla theologiæ*») me paraissait en cause. Assez tôt en effet, je m'étais rendu compte que ce n'est pas tellement la philosophie qui devrait être servante de la théologie mais plutôt l'histoire, l'histoire sous ses diverses formes, avec ses requêtes et ses enseignements propres. N'est-ce pas principalement la connaissance de l'histoire qui est exigée pour accéder à une correcte intelligence du judaïsme, de la pensée chrétienne dans ses enracinements et ses développements multiples, de l'ensemble de la pensée religieuse? On le voit: d'un point de vue épistémologique, j'étais intellectuellement malheureux. Pour qui veut comprendre et se comprendre, y a-t-il malheur plus grand qu'un malheur épistémologique? Mon malheur ne fera que s'accroître. Sans jamais être tout à fait le même, comme on le verra.

Le Concile Vatican II fut pour moi une sorte d'interlude. Il serait inutile de raconter en détail l'occasion qui m'y a amené. Il suffira de dire que ce fut un papier destiné au cardinal Léger portant justement sur la place exagérée accordée au thomisme dans un document qu'on avait préparé à Rome en vue du Concile. C'est à partir de ce moment et de quelques autres travaux que le cardinal Léger décida de m'adjoindre à Mgr Pierre Lafortune comme conseiller, puis demanda en février 1963 que je sois reconnu comme «expert» au Concile. À ce titre, je fus naturellement associé aux travaux de la Commission doctrinale dont l'Archevêque de Montréal avait été élu membre. C'est à partir de ce moment aussi que le philosophe en moi se mua en théologien. Si toutefois je puis m'accorder un titre si ambitieux. Du même coup, le problème de la philosophie chrétienne devint de plus en plus pour moi celui de la théologie chrétienne, plus spécialement celui de la théologie catholique.

Avec le Concile, de grandes espérances étaient permises et une espèce de bonheur éphémère se mit à m'habiter. De toutes les manières possibles, l'Église entrait en dialogue avec «les autres»: œcuménisme, dialogue avec les juifs, dialogue interreligieux, dialogue avec l'incroyance, par-dessus tout dialogue avec «le monde de ce temps». L'occasion m'était offerte de réfléchir avec cet esprit d'ouverture, et de le faire dans un autre cadre que ce que j'estimais être l'impasse néo-thomiste. Souci épistémologique oblige, inutile de souligner que j'en suis venu à m'intéresser d'une manière tout à fait particulière à l'immense question des rapports entre Écriture et Tradition, auxquels termes s'ajoutait forcément le Magistère. Le traitement qu'on donnait à cette grande question ne me satisfaisait guère.

J'ai parlé d'interlude. Tout compte fait, ce fut un interlude rassurant: en ces années, les raisons d'être réconforté ne manquaient pas, les promesses étaient grandes et je me retrouvais plutôt à l'aise dans l'Église, y compris quand je la considérais comme une institution bien humaine. Bonheur mixte, bien sûr, comme c'était le cas pour tous ceux qui participèrent à ce grand Concile, où les progrès désirés ou souhaités ne furent jamais complets et rarement très clairement acquis. Le Concile m'avait fait expérimenter les joies et les avantages mais aussi les misères et les limites de la pensée collective. J'en sortais bardé d'une étrange sorte d'espérance, une espérance circonspecte.

Les déceptions allaient pleuvoir, les unes après les autres, interminablement. Déjà, avec le premier synode romain, je devais m'apercevoir qu'on revenait au goût de condamner les «erreurs qui serpentent» comme on disait alors, oubliant l'important mot d'ordre en sens contraire que Jean XXIII avait donné dans son discours d'ouverture pour le Concile.

Deuxième déception: *Humanæ vitæ*, cette encyclique où l'esprit de la collégialité ne trouvait aucune place, où la voix et la pensée des laïcs recevaient si peu d'écho, où le dialogue avec le monde et sa réflexion se réalisait si mal. Puis la plupart des synodes, si mal structurés, si peu féconds, si incapables de répondre aux aspirations et aux besoins, souvent très différents et même contradictoires, des Églises des diverses régions du monde. Puis, plus récemment, les limites imposées à la légitime liberté des intelligences, notamment par la décision de faire que la profession de foi, cet acte si solennel et si engageant, s'étende plus que jamais à tant et tant de points de doctrine. Puis le cumul des certitudes, l'extension étonnante donnée à l'idée d'infaillibilité contre la pensée du Concile Vatican I lui-même, le goût exagéré et d'ailleurs nouveau des enseignements «définitifs». Puis, malgré l'intérêt que constituait la reconnaissance des erreurs du passé, l'incapacité à reconnaître celles qui perdurent dans le présent et dont le présent est encore plein. Je pense surtout ici, bien sûr, aux regrets exprimés concernant l'Inquisition. De son côté, le monde théologique révélait son incapacité chronique de revoir autant qu'il faudrait les grands critères qui permettraient de discerner ce qui s'impose avec rigueur à la foi elle-même de ce qui doit se contenter d'un degré d'incertitude plus ou moins élevé. À distance, même l'effort fait par Vatican II pour mieux dire ce qu'on peut entendre par l'*inerrance* biblique paraissait plus que timide, difficile à comprendre et à interpréter, peut-être carrément dérisoire, si tant est que l'ensemble des fidèles puisse même s'apercevoir que cet effort existât. Pourquoi ne pas l'écrire crûment, j'en suis venu à estimer que le véritable esprit du Concile a été et demeure trahi. À moins que ce ne soit le Concile lui-même qui n'aurait pas eu le courage d'être clair. Ce qui ne simplifierait pas les choses... Comment résumer ce qui s'était passé et ce qui se passait? J'étais devenu théologien, mais un malheur épistémologique nouveau et plus grand que jamais m'atteignait. En témoignent livres et articles que je n'ai pu m'empêcher de commettre.

Des lecteurs pourraient penser que l'histoire de mon parcours intellectuel de croyant s'arrête ici. Ils estimeraient alors que je ne suis que l'un de ces nombreux croyants déçus de l'après-Concile; ou l'un de ces incapables de soumission qui ne veulent pas suivre le Pape dans l'unique interprétation légitime de Vatican II. Ils se tromperaient, car mon histoire intellectuelle de croyant ne s'arrête ni ici, ni de cette manière. Un bonheur m'est enfin venu.

C'est à Simone Weil que je dois ce bonheur. Comment se fait-il que mes longs et parfois douloureux chemins aboutirent à elle? Je ne sais. Depuis longtemps, comme tant d'autres, j'avais lu cette jeune philosophe et cette grande mystique chrétienne. J'avais lu et relu ses propres ouvrages et ceux qu'on avait colligés à partir de quelques-unes de ses lettres et des notes dont elle avait parsemé ses précieux *Cahiers*. J'avais été séduit par l'inimitable générosité de sa vie et par l'exceptionnelle concordance entre ses engagements et sa pensée. Toutefois, il semble bien que j'étais porté à la considérer comme une personne à la frontière de la foi, comme une chrétienne plus ou moins «achevée», à cause notamment des nombreuses difficultés qu'elle soulevait en regard de certains enseignements de l'Église; à cause aussi de sa longue résistance à recevoir le baptême, ce sacrement initiatique dont on sait maintenant avec certitude qu'elle le reçut. Je me nourrissais un peu de ses réflexions et de son esprit, mais je n'aurais jamais pensé qu'elle me fournirait la réponse à la grande question que je me posais depuis toujours, celle des rapports qui doivent relier foi et raison ou, pour mieux dire avec elle, *foi* et *intelligence*. Quelqu'un pourrait soupçonner que les pensées qui furent siennes sommeillaient en moi, y dormaient tranquillement peut-être. Certes, mais il aura fallu le choc d'une rencontre plus sérieuse avec la claire et ferme pensée de cette femme extraordinaire pour que je trouve enfin ce bonheur épistémologique dans ma foi que je recherchais depuis toujours sans jamais le trouver.

Est-il possible de dire en peu de mots la substance de ce que Simone Weil m'enseignait pour que j'accède à ce bonheur? Peut-être, car il s'agit d'une pensée simple et dénuée de subtilités inutiles. Il s'agit d'une pensée claire, pour tout dire. Cette pensée est un dépassement de la théologie, de celle que je connaissais et pratiquais, de celle qui se pratique assez communément et dont maints documents magistériels sont pleins. Elle est un dépassement de la philosophie, telle que nous la connaissons aussi. Elle n'est pas un savoir, tel que celui qu'on trouve dans ce qu'on appelle la science. Elle est une *pensée* plutôt, pour employer le mot plein de modestie que Simone Weil utilisait elle-même. Elle est une manière de penser dans la foi. *Elle est une pensée sur la manière de penser dans la foi.*

De l'aveu de Simone Weil elle-même, cette pensée vise deux objectifs, mais elle les vise simultanément et sans qu'on puisse détacher l'un de l'autre. Elle veut *libérer* l'intelligence et elle veut l'*inspirer*. Elle la libère par une formule explicite d'une redoutable portée épistémologique: il ne faut pas imposer les dogmes à l'adhésion inconditionnelle des croyants. Elle veut inspirer l'intelligence en proposant que les dogmes sont faits pour qu'on les contemple avec une extrême attention, dans l'attente confiante d'y trouver la Vérité et dans un esprit de prière. Cette double visée est exprimée par Simone Weil à maintes reprises dans ses *Cahiers* et dans ses diverses lettres, mais surtout dans sa *Lettre à un religieux*. C'est cette double visée qui me séduit; elle définit les deux versants inséparables d'une *pensée sur la manière de penser dans la foi*.

Commençons par la première visée, celle qui affirme la totale liberté de l'intelligence devant les dogmes. On admettra que ce que propose Simone Weil est une véritable petite révolution. Que signifiait sa particulière séduction pour moi? Ces mots changent-ils quelque chose? Si oui, que changent-ils?

Ils ne changent pas la foi. J'étais ce qu'on peut appeler un croyant chrétien. Je le suis encore. Simone Weil l'était. J'aime d'ailleurs la clarté et la simplicité de la profession de foi qui était sienne quand elle écrivait dans son dernier texte: «Je crois en Dieu, à la Trinité, à l'Incarnation, à la Rédemption, à l'Eucharistie, aux enseignements de l'Évangile.» Quel magnifique court credo! Le lecteur comprendra que je me situe de la même manière que Simone Weil en face des objets qu'elle énumérait. Certes, elle aurait pu ajouter à sa liste: je crois à la Résurrection. Elle y croyait en effet, puisqu'elle parlait avec tant d'aplomb de la Présence réelle de Jésus dans l'Eucharistie. Ce qu'il y a de particulier chez elle, c'est qu'elle ne croyait pas à la divinité de Jésus *à cause* de la Résurrection, contrairement à saint Paul et à Pascal. La raison en est simple: elle était peu encline à croire aux miracles. Sa foi était plutôt fermement fondée sur la beauté intrinsèque de la doctrine chrétienne. Manière fort valable de fonder sa foi, soit dit en passant. Elle fut presque toujours la mienne, et elle demeure celle que je préfère aujourd'hui encore. Irrésistible attrait de ce qui se présente comme beau!

Qu'est-ce que ma dernière rencontre avec Simone Weil a changé en moi? Non pas la foi, mais la manière de croire. J'ai compris que ma foi était et pouvait être libre, de part en part. J'ai compris qu'elle devait l'être. J'ai compris que l'intelligence ne peut vraiment se soumettre à aucune autorité extérieure, qu'il est de sa nature de réclamer une autonomie plénière. Certes, je pensais cela confusément depuis longtemps; j'en vivais peut-être. J'aimais dire et j'avais écrit, reprenant une formule traditionnelle qui remonte aussi loin qu'à saint Augustin: «on ne croit qu'en Dieu». Avec Henri de Lubac et une longue tradition, j'avais souvent souligné qu'on ne doit pas croire *en l'Église*, mais *à l'Église*, un peu comme on croit *à* la Résurrection. Le lecteur perçoit certainement l'importance de ce choix de vocabulaire. Grâce à la réclamation que Simone Weil faisait d'une totale liberté de l'intelligence, cette formule traditionnelle prenait désormais pour moi une dimension nouvelle, peut-être même un sens nouveau, une sorte de radicalité. Dans son document sur la liberté religieuse, Vatican II avait souligné la liberté de la foi, mais sans cette clarté qui me frappait désormais.

Je comprenais mieux que jamais qu'il faut avoir des raisons pour croire. Je comprenais que cette exigence doit rentrer dans la définition de ce qu'est la foi, sans quoi la dignité de l'intelligence et la dignité de la foi ne seraient ni reconnues ni respectées. Je comprenais que, y compris dans les choses qui concernent Dieu lui-même, il faut aller au bout des requêtes propres à l'intelligence. Je comprenais que ce n'était pas cela, verser dans le rationalisme: j'aurais d'ailleurs trouvé ridicule qu'on classât Simone Weil parmi les rationalistes, elle qui avait si peu peur du mot «surnaturel». Je comprenais qu'on ne doit croire que ce qui est croyable. Je comprenais qu'on ne peut se dispenser de se dire ses motifs de croire. Et je comprenais que cela vaut pour tous les articles que l'on confesse dans sa foi.

Comme Simone Weil le voulait au moment où elle devint chrétienne, j'avais toujours pensé d'instinct qu'on ne doit pas ajouter trop de précisions au contenu de la foi. J'avais été comme elle obligé de démêler ce qui est véritablement dogme de ce qui ne l'est pas: inextricable tâche, plutôt! Une certaine pudeur m'avait toujours paru une nécessaire vertu intellectuelle, tout particulièrement quand il s'agissait des propos et des discours qu'on tient sur Dieu. Je savais comme elle que l'Église s'est parfois trompée. Peut-être même que cela lui est arrivé assez souvent et peut-être que cela lui arrive encore, aujourd'hui même. Grâce à l'expérience du dernier concile, j'avais appris à comprendre comment se fabriquent les pensées dont d'aucuns voudront ensuite faire des dogmes; j'avais fait l'expérience des avantages mais aussi des limites de la pensée collective dans l'Église. Je savais tout cela, mais je n'avais jamais pensé et je n'avais jamais osé penser qu'on puisse dire et qu'on doive dire: les dogmes ne sont pas faits pour qu'on y adhère, ils sont faits pour qu'on leur accorde cette sorte d'attention que Simone Weil a si bien décrite.

Il faut que je m'arrête à ce dernier point, car il est l'autre visée ou l'autre versant d'une pensée indivisible, comme je l'ai souligné. J'ai parlé d'un bonheur jamais autant éprouvé. Ce bonheur n'était pas causé par la seule idée d'une liberté mieux que jamais exprimée. Il venait aussi d'une manière nouvelle de concevoir les rapports que l'intelligence doit avoir avec les objets de la foi et avec ceux qui en sont à un titre particulier les gardiens. J'ai découvert en effet que la modestie, cette vertu intellectuelle à laquelle j'aspire, est tout à fait compatible avec la revendication d'une liberté absolument totale, celle-là justement qui fait dire que les dogmes ne sont pas là pour qu'on y adhère. Il faut que j'explicite un peu ces choses.

On n'en finirait plus de montrer la modestie intellectuelle de Simone Weil. On a souvent mal compris ou mal interprété sa méfiance envers l'Église, qu'elle identifiait parfois au «gros animal», utilisant cette expression dont se servait Platon pour dire les limites de la pensée collective. Simone Weil n'était aucunement portée vers le solipsisme. Elle était convaincue qu'il faut chercher et penser avec les autres. C'est pourquoi elle interrogeait et discutait tellement. C'est pourquoi elle acceptait d'être aidée et cherchait constamment conseil. Elle savait l'importance de l'enracinement, donc de l'accueil de la grande tradition. Elle savait notre devoir de discerner, dans la grande tradition, ce qui est or pur de ce qui n'est que vil métal. Elle était gagnée au Christ, mais elle voulait extraire de toute autre source, y compris religieuse, ce qui pourrait l'aider à mieux comprendre.

La tentation de tout extraire d'elle-même ne lui serait jamais venue à l'esprit. Son amour de l'Église était plus grand que ce qu'elle en dit. Et ce qu'elle en dit pour se méfier, ne le disons-nous pas nous-mêmes maintes fois? On peut comprendre son amour de l'Église à ses comportements plus encore qu'à ses paroles. Mais ses paroles nous le disent aussi, pour qui veut les entendre. C'est bien elle qui a écrit: «La fonction de l'Église comme conservatrice du dogme est indispensable.» Elle ne craignait pas de reconnaître le rôle du magistère de l'Église et même le rôle indispensable des dogmes dont elle écrivait pourtant qu'ils ne sont pas là pour qu'on y adhère. Certes, elle n'aimait pas qu'on adhère aux dogmes et aux enseignements de l'Église trop facilement, mais elle voulait qu'on leur porte la plus grande attention, qu'on cherche à les comprendre, qu'on ne les récuse ni trop vite ni même sans crainte. En tout cela, n'a-t-elle pas raison? Elle abordait les dogmes avec un sérieux qu'on ne trouve pas souvent chez ceux qui réclament facilement qu'on y adhère. Elle estimait que la foi est surnaturelle. Elle savait que la foi est une grâce. Craignant une sorte d'influence indue apparentée à la suggestion, elle n'aimait pas que la prière soit mêlée au travail de l'intelligence, mais elle voulait aussi que les dogmes parlant de Dieu soient regardés avec amour et dans une sorte d'attente confiante. Elle s'exprimait à elle-même ses raisons de croire et il n'y avait rien dans ces raisons qui soit entendu d'avance. Elle savait pourquoi elle croyait à la Trinité. Sa vision de la Présence réelle dans l'Eucharistie devrait devenir classique. Je ne puis m'empêcher de la citer:

> Les mystères de la foi catholique ne sont pas faits pour être crus par toutes les parties de l'âme. La présence du Christ dans l'hostie n'est pas un fait à la manière de la présence de l'âme de Paul dans le corps de Paul [...]. L'Eucharistie ne doit donc pas être un objet de croyance pour la partie de moi-même qui appréhende les faits. Là est la part de vérité du protestantisme. Mais cette présence du Christ dans l'hostie n'est pas un symbole, car un symbole est la combinaison d'une

abstraction et d'une image, c'est quelque chose de représentable pour l'intelligence humaine, ce n'est pas surnaturel. En cela les catholiques ont raison, non les protestants. Seule la partie de soi-même qui est faite pour le surnaturel doit adhérer à ces mystères. (*La pesanteur et la grâce*, p. 148)

Il y avait chez Simone Weil une manière vraiment originale d'accueillir l'enseignement de l'Église et de son magistère. Elle voulait certainement qu'on l'accueille sans conformisme facile, car c'est bien elle qui avait écrit: les dogmes ne sont pas faits pour qu'on y adhère. Mais elle voulait aussi qu'on accueille l'enseignement de l'Église en esprit d'attente et de confiance, avec une grande attention. Elle n'aimait pas, comme tant d'autres et comme moi, le mot «infaillible». À ce sujet, elle écrivait d'une manière délicieuse: «L'Église ne semble pas être infaillible; car en fait elle évolue.» Elle savait que l'Église n'a souvent qu'une fidélité relative à la pensée et aux enseignements de Jésus. J'ai admiré qu'elle ose même écrire: «L'Église n'a vraisemblablement pas parfaitement rempli sa mission de conservatrice de la doctrine. Il s'en faut de beaucoup. Non seulement parce qu'elle a ajouté des précisions, restrictions et interdictions peut-être abusives; mais aussi parce qu'elle a presque certainement perdu des trésors.» (*Lettre à un religieux*, p. 73) Je retiens avec gratitude qu'elle pensait que c'était même le cas pour bien des aspects de ce qu'on trouve dans l'Écriture, expliquant par là le caractère incompréhensible de maints passages.

La mise en œuvre de la pensée de Simone Weil exigerait une importante modification de la manière d'enseigner dans l'Église. Cette jeune chrétienne en était consciente et elle espérait cette modification de tous ses vœux. Sans doute parce qu'elle était convaincue de n'en avoir pas la mission, elle n'est pas allée loin dans l'entreprise de préciser ce que devrait être cette nouvelle manière d'enseigner. Celle-ci n'aurait pas éliminé toute certitude, bien au contraire, car Simone Weil faisait siennes les grandes visées de la foi chrétienne. J'ai rappelé plus haut l'admirable profession de foi de son dernier texte. Dans ses *Cahiers*, elle ne craignait pas d'écrire: «Je suis tout à fait sûre qu'il y a un Dieu...» Y a-t-il d'ailleurs une foi digne de ce nom, qui ne soit habitée de quelques certitudes? Ce qui lui déplaisait, c'était le trop grand cumul de précisions «dont l'Église a cru devoir entourer les mystères de la foi» avec la volonté de les imposer aux intelligences. Ce qui lui déplaisait encore, c'était une certaine propension du magistère de l'Église à enfermer dans ses propres mots les grands mystères; c'était la trop dure condamnation de ceux qui n'adhéraient pas à tous et chacun de ses enseignements; c'était cette espèce de goût immodéré pour une orthodoxie de catéchisme; c'était l'impression trop souvent donnée d'avoir toujours possédé et de posséder encore toute la vérité et rien que la vérité.

Simone Weil n'a pas vécu assez longtemps pour connaître le discours que Jean XXIII a prononcé lors de l'ouverture du Concile Vatican II. Au moins partiellement, ce discours aurait pu apporter réponse à ses aspirations. Pourrons-nous admirer un jour une attitude magistérielle allant au bout de l'esprit qui y était suggéré? Tant que ce jour-là ne sera pas venu, mon bonheur épistémologique ne saurait être complet, car je crois avec Simone Weil que les trop nombreuses certitudes de l'Église éloignent du Christ et de la foi. Pour l'instant, je me réjouis du moins du bonheur partiel et tardif qui me vient, celui d'avoir enfin accédé à la bienheureuse *manière de croire* qui est désormais mienne. Ce bonheur partiel et tardif, je le dois à cette chrétienne qui tenait à être totalement libre dans l'exercice de son intelligence, tout en étant modeste devant le mystère de Dieu autant qu'on peut l'être. Quelle merveilleuse rencontre j'ai finalement faite dans mon parcours intellectuel de croyant!

André Naud

Rayonnement

L'horizon de la naïveté nimbe ton destin.
Tu n'irradies plus, tout s'amène en ton sein.
Étonné, tu vois l'univers chercher refuge en tes plis
et l'avenir lui-même se cacher au creux de tes mains!

Entre dans la pénombre, enveloppe-toi de nuit.
Dépose tes ornements: on n'habille pas le sacré.
Ta vigilance s'active quand tu fermes les yeux.
Tu vois le jour dans cet acte qui t'ouvre les cieux.
Tu ne pourras t'approprier le Graal que tu convoites
aussi longtemps que ton irrespect lui forcera la main.

Il est un sanctuaire où tressaille la présence.
Que vibre ta densité: irrécusable témoignage!
Tu n'es jamais aussi fécond
qu'en cet endroit de ton être
où l'innocence et la limpidité
tiennent lieu de langage.

Dispense-toi de porter le message aux distraits.
Le virginal répugne à se voir proclamé sur les toits[1].
La terre est évangélisée à partir du moment
où tu l'interpelles
par la qualité de ton recueillement.

Une révolution bouleverse tes assises:
en ce lieu de toi qui est introuvable et sans fin,
on te laisse entrevoir qu'une gloire méritée,

---

[1] «Ferme sur toi la porte, et prie ton Père qui est là dans le secret.» (Mt 6, 6)

une gloire sans pudeur, une gloire empruntée
ne saurait être que gloire falsifiée.

Inespérable printemps où tout désordre
cache une harmonie!
Manifestation soudaine
de ce protocole inaccoutumé
où l'indigne a gain de cause
sur l'intègre qui entend négocier[2]
et sur l'irréprochable qui s'en retourne non justifié!

Bénéficiaire de ce prodige d'où émerge
la transparence,
il te revient d'affranchir les esclaves du savoir
et de prémunir les aveugles
contre les appâts du pouvoir.

Tu ne peux proclamer Élohim
que dans un frémissement.
Tout autre dire n'est que mensonge et faux semblant.
Parvenu à cette étape,
tu ne sais plus que prophétiser
et tu dis vrai, même si ce que tu affirmes
pourrait s'avérer faux.
Puis se lève le jour où, à l'absolu,
tu ne peux ajouter.
Le bien inamissible n'a que faire
de tes préparatifs.
Renonce aux campagnes
et à l'amoncellement du butin.
L'ultime démarche consiste
à tout enfouir dans le secret.

Yves Girard

[2] «Voici tant d'années que je te sers.» (Lc 15, 29)

Table des matières

II- RÉCITS

Achevé d'imprimer
en août 2002 sur les presses de
Imprimeries Transcontinental inc.,
division Métrolitho

Imprimé au Canada — Printed in Canada